O TAO DA MÚSICA

O Tao nos envolve e nos rodeia, nos precede e nos segue. Indistinto e indiscutível, carece de nome e as palavras não são seguras para nomeá-lo. Quando o vento canta entre as canas do bambu, céu e terra se harmonizam na música do Tao; assim, o canto do bambu é puro e claro como a voz do Tao, a mãe de todas as coisas, o princípio de todos os seres.

CARLOS D. FREGTMAN

O TAO DA MÚSICA

Apresentação

EGBERTO GISMONTI

Tradução

PRISCILLA BARRAK ERMEL

EDITORA PENSAMENTO
São Paulo

Título do original:

El Tao de la Música

Primeira edição em espanhol publicada por
Editorial Estaciones, Bolívar 1721 (1141)
Buenos Aires, Argentina.

Copyright © 1986 by La Frambuesa S.A.

Edição	Ano
3-4-5-6-7-8-9-10	94-95-96-97-98-99

Direitos reservados
EDITORA PENSAMENTO LTDA.
Rua Dr. Mário Vicente, 374 - CEP 04270-000 - São Paulo, SP
Fone: 272-1399

Impresso em nossas oficinas gráficas.

Rio de Janeiro, 7 de maio de 1987

Caro Carlos

Confesso que tenho pensado muito e que não tem sido fácil escrever sobre alguém que acho estar fazendo um trabalho que estimula a pensar e sentir música na sua totalidade, já que a sua proposta não é viciada e nem se propõe a formas didáticas tradicionais.

Acho que seus princípios à música são importantes na medida em que o mais interessante e essencial para aqueles que "sentem" a necessidade do som, é o estímulo e a crença de que através da música se chega a qualquer lugar. Existe uma relação muito forte entre todas as coisas, quase indivisível.

Também me parece claro que sua proposta mostra como a música tem cheiro, tempo e hora. Mostra que não é nada abstrato. É concreto e palpável. É, além de tudo, muito apaixonado e que este sentimento passa a ser, neste momento de "separações", por conseqüência, a raiz da vida e do som.

Caro amigo, não sei como lhe falar mais claro sobre a sua proposta. Só desejo que estas idéias sirvam-lhe e sejam compatíveis com aquilo que você faz.

Um grande abraço e até breve.

Egberto Gismonti

CARLOS DANIEL FREGTMAN

Argentino, músico e musicoterapeuta. Formado pela Faculdade de Medicina da Universidade do Salvador, Buenos Aires, no ano de 1976. Trabalhou na Área de Movimento e Musicoterapia do Hospital de Dia do Centro de Saúde Mental A. Ameguino (1975), como musicoterapeuta e terapeuta corporal na Clínica Gradiva (1977/81), e como musicoterapeuta da Comunidade Terapêutica Vicente López (1977/1987). Membro-titular da equipe docente de formação em Psiquiatria da Escola de Musicoterapia de Vitória, Espanha, desde 1985; professor-adjunto-auxiliar nas cátedras de Musicoterapia em Psiquiatria e de Expressão Corporal, Universidade do Salvador (1977); docente-titular da cátedra Som, na Escola de Técnicas Corporais, Buenos Aires (1978/84), integrando a equipe fundadora no ano de 1978. Professor-convidado na Escola de Terapia Ocupacional, na Associação Argentina de Psicomotricidade e na Associação de Musicoterapeutas Universitários da República Argentina. Participou como membro-titular: do II Congresso Mundial de Musicoterapia, Buenos Aires (1976); do Encontro Regional Simultâneo de Psicólogos sobre Atualização Epistemológica, Diagnóstica e Psicoterapêutica (1978); das Jornadas sobre Corpo e Psiquismo, APBA (1980); das Jornadas sobre Diagnóstico e Tratamento de Adolescentes Borderline (1981). Foi coordenador do I Congresso Argentino de Psicologia e Psicoterapia de Grupo (1981), professor-convidado nas Jornadas sobre Criatividade de Grupo, Rosário (1981); membro-titular do Seminário Internacional sobre a Dança e o Movimento na Recuperação do Deficiente, Unesco, Buenos Aires (1983).

Chefe da equipe de Musicoterapia do Serviço de Psiquiatria Infantil do Hospital Penna. Assessor científico da revista *Uno Mismo*. É autor do livro *Cuerpo, música y terapia*, Editorial Búsqueda, Buenos Aires, 1982. Publicou artigos referentes a seu campo específico na publicação alemã *Musik-Medizin*, no *Boletim da Associação Brasileira de Musicoterapia*, no *Boletín de la Asociación de Musicoterapeutas Universitarios de la República Argentina*, na *Actualidad Psicológica*, em *Uno Mismo* e em *Mutantia*, bem como em *Senda* e *Integral* (Espanha).

Compositor e instrumentista de longa trajetória na corrente New Age Music, editou 14 obras fonográficas de músicas que ele mesmo denomina "música interior". No Brasil, a companhia Tekbox já lançou, de Carlos D. Fregtman, as seguintes obras: *Estados de consciência, Meditações, Gestalt, Ressonâncias do coração, Zen* e *Mantras*.

Nos últimos anos, sob um enfoque holístico transpessoal, concentrou seu trabalho nos Seminários de Formação e Treinamento para Terapeutas, e num projeto de investigação pessoal que integra diferentes vertentes do conhecimento oriental e ocidental...

Quero expressar meu agradecimento a Carlos Alberto Angelini, Felicia Tracogna, Jorge San Pedro, Noemí Schewerlein, Hemut Maul, German Altamirano, Carmen Quinterno, Sofía e Carlos, Marta Gavensky, Susana Sitchel, Enrique e Claudia Banfi.

O Prof. Maw Chyuan Wang, autor das ilustrações, nasceu em Kiang-Su, China, em 1932. Formou-se pela Universidade de Chung-Hsin. Foi professor de Literatura, História, Filosofia, Caligrafia e Pintura por mais de 28 anos em Taiwan. Atualmente é professor na Universidade de Buenos Aires e na Universidade do Salvador. Tem realizado numerosas exposições de caligrafia e pintura chinesa no Oriente e na América.

Sumário

PRÓLOGO 13

1. A PULSAÇÃO VITAL 17

Os fenômenos cíclicos. Natureza cósmica do ritmo. Expansão-contração. A música recria padrões universais. A pauta que conecta. Ritmos de interação. A matéria ondula. Ritmos vitais. A hierarquia funcional da consciência. O ritmo que conecta. Ouça o seu interior. Exercício de equilíbrio e ritmo.

2. FILHO DAS ESTRELAS 33

A voz da vida. As ações humanas e suas motivações. A arritmia sistêmica. Os falsos "benfeitores". A nossa natureza – Quem somos? *Somos feitos de material estelar*. Depois do Big-Bang. A alquimia cósmica. *Oceanos de consciência*. Constelações. O canto da Criação. *Buscando o centro*. Exercício de centração.

3. VIVEMOS NUMA SONOSFERA 49

Ouvir em torno. Cerração auditiva. Con-tatar os sons. Sentidos congelados. Os sons do silêncio. Sou som. Audição central e periférica. Consciência holística. Veículos de expressão. A corda medular em sintonia. Consciência expansiva.

4. A MÚSICA DO CORAÇÃO 65

Crenças limitadoras. Barreiras. A "sombra". Positivo-negativo. Esquecimento e memória dos sons. A música primitiva. Conotações simbólicas. Programações. Centros de convergência. Jogo espontâneo. Os criadores superaram sua infância. O ritmo natural. O instrumento como receptáculo de projeções. Vibração da palavra. A voz. Mantras. Este caminho tem um coração? Agindo o amor. *Ser som*. Formas dinâmicas. Exercícios de ressonâncias. Sem mais exames.

5. O TAO DA MÚSICA 99

O Tao. O som da água. Agir sem compulsão. Naturalidade e espontaneidade. A lucidez deriva da quietude. Simultaneidade do pensamento e da ação. A virtude natural. Ressonância e sincronicidade. O espírito da música no *Livro das mutações*. A graça. O entusiasmo. O ser dionisíaco. O Grande Silêncio. O Homem Superior e as virtudes do instrumento musical. Tao é ciência: caminhos paralelos.

6. A ALQUIMIA EMOCIONAL 127

Expressão musical. Emoção e remoção. A função da pulsação vital.

7. O SOM DA CONSCIÊNCIA 133

Energia em vibração. Harmonização e expansão da consciência. A música é Consciência.

8. MÚSICA EM MOVIMENTO 141

Recursos. Duvidemos antes de programar. Uma mesma entidade. Mitologias. Movimentos ex-pressivos. Sugestões para a escolha de músicas. Processo espontâneo.

9. EM DIREÇÃO À ENTROPIA 149

O ouvido e a comunicação. O feitiço do som. Magia. Consciência artística. *Buscando a síntese*. O objeto cultural. O inefável. *Associando*. Associações cinestésicas. Associações por conotação. Associação livre. Sucessões. *Entropia e informação*. Homogeneidade. Negentropia. Mensagem. Padrão. Justaposição. Ações simultâneas. Modalidades formais das trajetórias. Limites Criadores. Ciência e intuição.

10. O TERAPEUTA FLEXÍVEL 173

As programações rígidas. Aceitar as mudanças. Desaprender para aprender. Sempre somos diferentes. A verdadeira segurança. Ferramentas. Os exploradores. Outras culturas.

11. A ARTE DA VIDA 183

O caminho da arte. A experiência pura. *Solidariedade universal*. *Arte em liberdade*. A chance de ter uma chance. Ser ensinados. *Criação e serenidade*. A porta de cada ser. *Ecos*.

GLOSSÁRIO 197

BIBLIOGRAFIA 201

DISCOGRAFIA 207

O bambu simboliza o espírito taoísta: inteireza, perfeição, fortaleza e suavidade, flexibilidade, harmonia, imutabilidade, perseverança, paciência, constância, modéstia, elevação e vacuidade.

Prólogo

A música é uma experiência de caráter não-verbal, absolutamente inacessível por meios literários ou eruditos. Por tratar-se de um fenômeno tão arraigado no homem desde as suas origens, o acontecimento musical não conhece limites nem fronteiras, cores ou credos, épocas ou linguagens, e tem impregnado com seus ecos todos os espaços das ações humanas. Falar de música é falar de arte, filosofia da natureza, estética, psicologia e psicoterapia, lógica, ciência, semântica, ecologia, sistemas ou teoria das comunicações. Como veremos mais adiante, nos encontramos imersos numa sonosfera* e todas as nossas pautas ou estruturas de funcionamento se encontram em sincrônica relação com estruturas maiores que as contêm. Assim, toda imagem expressiva é uma forma simplificada e purificada do mundo exterior, depurada por uma universalidade individual pessoal.

* Ver glossário.

13

Este livro se compõe de onze capítulos, que se encontram ordenados por seus conteúdos e que constituem unidades completas por si mesmas. Alguns dirão que sou um tanto reiterativo, porém minha experiência em coordenação de seminários me ensinou que a maioria das pessoas não compreende uma idéia a menos que se a reitere, através de distintos enfoques de apresentação e de acordo com diferentes analogias e esquemas de referência. Tal como a variação de um tema musical, a essência da comunicação é a criação da redundância, do predizer, da originalidade e do padrão. A compreensão de uma idéia nada tem a ver com um processo de racionalização conceitual. Incluí formas poéticas que, pelo caminho da intuição, revelam uma sabedoria que completa e multiplica o conhecimento filosófico-científico. Como disse N. Brown, "os poetas são os legisladores não-reconhecidos da humanidade"; grandes visionários, profetas e mestres recorreram à poesia, à parábola e à metáfora para comunicar suas visões transcendentais.

Os conceitos apresentados neste livro estão baseados nas pesquisas por mim realizadas em laboratórios de som, sessões de musicoterapia e experiências transpessoais com música; todo esse trabalho abarca um período de mais de dez anos. Vez por outra, utilizo técnicas sonoras e psicofísicas com pacientes em estados esquizofrênicos e com inclinações às drogas, comparando os tipos de suas respostas. Muitas das pessoas que, na minha busca pessoal, se abriram e me questionaram guiadas por uma intuição direta da consciência, deram vida a novos pensamentos criadores, assim como à revisão de "incríveis crenças".

Talvez o título possa confundir, mas este não é um livro sobre filosofia ou estética taoísta chinesa. O uso do vocábulo *Tao* é meu modesto reconhecimento a um povo possuidor de uma arte transpassada pela essência da natureza, pelo modo de ser do Universo. Naturalmente faço referência a outras culturas, pois creio que essa aproximação e posterior comparação ajuda a compreender a própria cultura e lhe outorga maior grau de objetividade. Penso que cada sociedade tem acesso a seu próprio conhecimento e só conserva o tipo de conhecimento que sabe como medir ou avaliar.

No desenrolar da obra aparecem oito exercícios pormenorizados e numerosas sugestões de aplicações práticas, começando com a percepção dos ritmos interiores e o gradual equilíbrio de seus pulsos e ressonâncias, até resgatar o fluxo respiratório natural cujo "para dentro/para fora" conectará – imanentemente – a consciência profunda do leitor aos últimos núcleos de sua interioridade e o constelará – transcendentemente – com os outros núcleos, presentes em toda forma de vida: ar, gentes, árvores, oceanos, animais e estrelas.

Desejo expressar meu agradecimento ao Prof. Maw Chyuan Wang, que com arte e sabedoria ilustrou com suas pinturas o espírito do Tao; ao Juan Carlos Kreimei, que me acompanhou no processo de criação, relendo meus manuscritos e dando opiniões sempre enriquecedoras; à Gabriela, que, além de escrever comigo um dos capítulos, deu-me todo o seu amor, compreensão e apoio neste projeto. Agradeço, igualmente, ao Enrique e à Claudia Banfi.

Num momento em que o mau uso da tecnologia atenta contra a vida do planeta, em que o homem perde a noção da totalidade concentrando-se numa porção de si mesmo, em que a sensação generalizada que temos é a de ser – como dizia Watts – um ego separado e enfurnado numa bolsa de pele, em que seres brutais – escondidos atrás de uma máscara de sociabilidade e simpatia – negam os direitos humanos a seus semelhantes, devemos redescobrir as leis do equilíbrio e da harmonia da vida. Nossos limites não são nossas fronteiras corporais, mas sim nossas redes de mensagens, que deverão entrecruzar-se infinitamente para criar a trama cósmica de um futuro onde reine o poder da consciência.

O Tao da música é o Tao do Coração.

Buenos Aires, primavera de 1984
Carlos D. Fregtman

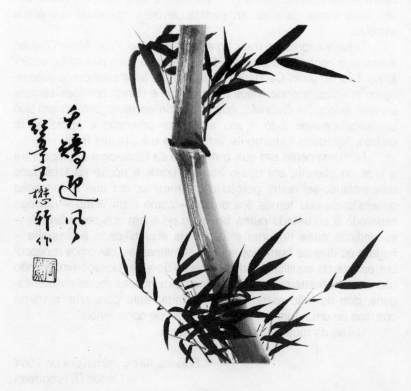

O bambu é perfeito como o próprio Tao, pois contém a harmonia dos contrastes em seu próprio corpo. Sua cana é dura – Yang – por fora, porém vazia – Ying – por dentro. Assim, dureza e suavidade, ser e não-ser, combinam-se em seu fino porte.

1

A Pulsação Vital

Os fenômenos cíclicos

O imemorial ritmo se encontra na origem da própria vida, tudo se manifesta através do ritmo, a dança é ritmo e a linguagem tem ritmo para ser expressão.

Ritmo é a pulsação vital, a batida do coração, o fluxo da nossa respiração. Ritmo têm as fases da Lua, as órbitas dos planetas e os movimentos estelares; com ritmo se sucedem as obras mais memoráveis de cada geração: uma roda é basicamente ritmo.

Ritmo existe na água, na campina, nas montanhas, no canto das aves e no bater das asas de uma mariposa.

Quando a matéria alcança sua mais ardente pulsação, se consuma o acontecimento da beleza. Ritmo é um vaivém paciente e sábio, luxurioso e criador.

O menor ser ou o maior de todos, no ar, na terra ou nos mares, possui uma onda de pulsação.

ta ta ta ta ta ta ta ta ta ta ta ta ta ta ta ta ta ta ta ta ta ta

ta ta ta ta ta ta ta *TA* ta ta ta *TA* ta ta ta *TA* ta ta ta *TA* ta ta

ta ta ta *TA* ta ta ta *UM* ta ta ta *TA* ta ta ta *UM* ta ta ta *TA* ta ta

Quando o vento golpeia a superfície do oceano surgem as ondas; sobre cada onda existem, como que desenhadas, outras ondas menores, que se transformam em outras menores ainda; debaixo das gigantescas ondas estão os profundos ritmos periódicos das correntes e, por debaixo de todos esses latejantes pulsos compostos, como que dando a harmonia e a nota "pedal", se encontram os movimentos das marés.

Toda existência dinâmica e variável está afetada pelas periódicas ocorrências e recorrências oscilatórias.

As árvores balançam lentamente, enquanto suas folhas se agitam num tempo mais rápido; a erva, sob a copa da árvore, ondula mais suavemente e esta relação é similar ao ritmo complexo das ondas marítimas.

Todos os fenômenos cósmicos são, por natureza, cíclicos; a noite e o dia, o ritmo das estações do ano, os anos e as décadas, os séculos e os milênios, os milênios e...

O ritmo do nosso planeta é periódico, com seus giros e suas órbitas, em contraponto com o resto do sistema solar que, por sua vez, possui outra trajetória rítmica.

A vida dos seres animados também é uma expressão rítmica, com suas pulsações circulatórias, digestivas, e seus comportamentos alternados, os estados de tensão-distensão, atenção-dispersão, atividade e passividade. Os movimentos sociais são rítmicos, os períodos de esplendor e decadência, os governos e as tendências econômicas.

rit mo rit mo rit mo rit mo rit mo rit mo rit mo rit mo rit mo rit mo rit

rit mo rit mo rit mo rit mo rit mo

Natureza cósmica do ritmo

Ritmo é a expressão essencial da própria energia. Tanto em forma mecânica como em forma eletromagnética, na base de todas as coisas, a energia ondulatória representa um fenômeno físico, no campo cósmico, no âmbito terrestre ou humano.

Atualmente se encontram em crescente desenvolvimento as investigações em física ondulatória e os estudos de irradiação e constância da onda; as energias são consideradas freqüências positivas ou negativas. *A onda é uma solução particular que se atualiza fisicamente.*

Essas correntes modernas se aparentam e se nutrem de pensamentos da Antiguidade e da Idade Média, os quais afirmam que toda a natureza se encontra sob a influência de um fluxo e refluxo de lentas pulsações de forças que, apesar de serem opostas – na aparência – são complementares e mutuamente necessárias. Estas são as forças de expansão Yin e as de contração Yang, que crescem e decrescem reciprocamente.

O Universo é uma multiplicidade vibracional que possui em seu conjunto uma harmonia sistêmica; as coisas individuais e os objetos naturais possuem pulsações que se irradiam e interagem com as diferentes formas vibratórias, inclusive a grandes distâncias.

A filosofia chinesa nos fala de periodicidade cíclica e de alternâncias rítmicas das duas forças, a centrífuga Yin e a centrípeta Yang, em todos os níveis.

O ritmo não é uma configuração vibratória criada pelo homem, não é uma energia "vital" característica dos seres vivos, sua natureza cósmica opera em tudo o que existe.

.. ..

A roda   puro   ritmo   A roda   puro   ritmo   A roda   puro   ritmo   A

O ritmo que nós percebemos tem um pulso relativamente lento, impresso em nossos sistemas humanos de percepção, porém o ritmo é o fundamento da matéria viva e as diferentes formas energéticas se compõem de vibrações infinitamente rápidas não identificadas sensorialmente pelo sistema de percepção que atualmente possuímos.

Esclareçamos um pouco mais esse conceito pensando nos pioneiros estudos de W. Reich. A Energia Cósmica Primária, para Reich, está presente em toda parte, sendo a origem da matéria e das formas secundárias da energia; energia é vibração; toda vibração é uma onda rítmica; a Energia Cósmica Primária se dissocia funcionalmente – Yin e Yang? – apresentando-se num aspecto duplo que é idêntico e antitético ao mesmo tempo. Temos que aprender a rastrear as aparentes forças duais para encontrar sua raiz cósmica primária. Reich nos fala assim de um princípio rítmico de equilíbrio energético, de uma força dinâmica e uma estática que compõem a onda criadora.

Por isso é que são tão importantes os "antigos" conceitos de polaridade, já que na atualidade é impossível compreender a física e as ciências humanas sem nos aproximarmos dos mesmos. Não são lendas, nem mitos: são enfoques integradores do fenômeno de equilíbrio rítmico do movimento universal, em relação indissolúvel com a ordem cosmológica.

Expansão-contração

No Extremo Oriente, a denominação Yin corresponde a uma força ou tendência à expansão e Yang a uma força de contração. A função Yin é a difusão, a dispersão e a separação; a função Yang é a fusão, a assimilação e a contração.

Pensem ritmicamente em equilíbrios pulsantes relativos: expansão-contração-expansão-contração (em outras épocas se falava musicalmente em fraco-forte para referir-se ao mesmo fenômeno, só que de uma forma parcial e não-totalizadora). A música – tal como a concebemos no mundo da arte – é a expressão humana dessas tendências rítmicas universais.

Yin é mais inativo e lento, Yang é mais ativo e rápido; em *dimensão,* Yin é mais espaço, Yang é mais tempo; em *direção* e num campo magnético dado, Yin é mais ascendente e Yang mais descendente; em *peso,* Yin é mais leve e Yang mais pesado; em *vibração,* a onda curta e a alta freqüência – aguda – é Yin, enquanto que a onda comprida e a baixa freqüência – grave – é Yang; em *posição,* Yin é para fora, periférico, e Yang é para dentro, central; pensando em *onda sonora,* Yin é mais fina, grande, expansiva, frágil, comprida, suave, dilatada, e Yang é mais grossa, pequena, contraída, "dura", curta, resistente e condensada.

Os exemplos são inumeráveis, porém o importante não é incorporar todo o conhecimento das polaridades "de golpe" e perder o fio da meada, e sim compreender a existência de leis universais que governam todos os fenômenos sensorial e/ou intelectualmente visíveis e invisíveis, individuais ou grupais, parciais ou totais, presentes ou futuros.

A música recria padrões universais

Dentro de todo o incessante movimento rítmico se percebe um padrão ou ordem universal. Procurar "con-soar" e contrapontear ritmicamente com esse fluxo é uma tarefa árdua e cotidiana, porém mais natural e simples do que muitos supõem. Os contrários se atraem uns aos outros para realizar a harmonia, os iguais se repelem para evitar falta de harmonia.

Os vedas e suas glosas hinduístas evocaram o tempo concebido como um movimento circular; cada período alternante – composto por fases criadoras e destruidoras – se denomina *kalpa* e abarca 4.320.000 anos, simbolizando o ritmo respiratório de Brahama que engendra e reabsorve o macrocosmos. *Nossa respiração representa a manifestação microcósmica desse imenso ritmo universal* (contanto que não contrarie as leis naturais, como no caso de um bebê recém-nascido).

Não só no Oriente se falava de teoria ondulatória; os estóicos a esboçaram quando descobriram a verdadeira origem das marés. No Império Romano, Vitrúvio se referia à voz humana e ao som como fenômenos movidos por um número infinito de círculos ondulatórios, como se atirássemos uma pedra na água em estado de repouso.

A onda periódica recorrente é, possivelmente, o centro do ritmo. Porém um pulsar uniforme (como o tique-taque do relógio) não é suficiente para que o ouvido humano perceba um ritmo; para que o ritmo aconteça, é necessário que se agrupem em estruturas determinadas habitualmente pelo tempo e pela intensidade.

tic tac tic *TAC* tic tac tic *TAC* tic tac tic *TAC* tic tac tic *TAC*

A pauta que conecta

Vale lembrar que com o ritmo "humano" – na arte, na ciência – recriamos um padrão universal que nos leva ao deleite e à satisfação. Penso que quando o ouvinte ou o músico – seja um aborígine na África, um espectador de um concerto sinfônico ou um músico de *rock'n roll* – se deixa levar pelo ritmo e goza com a vivência estética, esse prazer pleno é dado inconscientemente pela recriação dos padrões ou pulsos de vibração universal. *"Necessitamos" ouvir música para acompassar-nos com o pulsar universal e perceber a pauta que nos conecta com esse todo.* É como uma lição prática de física moderna, teoria quântica ou epistemologia, onde descobrimos que *definir algo* é fazê-lo mediante sua relação com outras coisas e não mediante o que supostamente é em si mesmo.

Gregory Bateson questionou-se várias vezes: Qual é a pauta que conecta todos os seres vivos? A primeira vez que me aproximei desse conceito fiquei tão comovido e excitado com o "descobrimento", que durante vários dias só lia três ou quatro parágrafos repetidas vezes como se exercessem sobre mim uma poderosa força magnética (recordo que, nesses dias, eu ouvia reiterada e obsessivamente o *Bolero* de Ravel, cujo pulso constante e crescente parecia querer comunicar-me algo).

Eu procurava estabelecer relações. Como era possível que meus mestres e professores nunca me houvessem ensinado algo sobre a pauta que conecta? Então, o que me ensinavam? Música, psicopatologia, musicoterapia, psicanálise, composição, psicodrama, artes marciais, doenças, saúde... compartimentos estanques?... Sim, é lógico que havia exceções e o caminho estava iniciado, porém ver escrita essa frase – "a pauta que conecta" – me emocionava!

E me emocionei por muito tempo. Não compreenderia – não de uma forma racional ou intelectual – como era conformado outro ser humano, sem antes compreender minha própria conformação e a deste mundo que habitamos. Assim pude aprender que as coisas e os fenômenos são recorrentes e rítmicos, que a pauta que os conecta pode ser considerada como uma dança de partes interatuantes e só em forma secundária fixada por várias classes de limites físicos e pelos limites que os organismos, de maneira característica, impõem.

Expansão-contração. Um só movimento total.

A metapauta pode gerar três tipos de conexões. Vejamos um exemplo em relação ao pulso vital rítmico.

1) Os pulsos – ritmos de crescimento – de um homem podem ser comparados com outros pulsos do mesmo homem para se obter as conexões de primeira ordem.

2) Os pulsos dos homens podem ser comparados com os pulsos dos macacos, e serão encontradas relações similares entre os pulsos, obtendo-se conexões de segunda ordem.

3) Pode-se avaliar as relações, diferenças ou semelhanças entre a comparação dos pulsos de homens e macacos de um lado, e outra comparação de pulsos (por exemplo, entre galinhas e dinossauros), surgindo conexões de terceira ordem.

Poderíamos continuar indefinidamente estabelecendo pautas de conexão, e por este método relacionar ritmos pulsantes, evoluindo num conhecimento amplo e sistêmico de nós mesmos com o mundo que nos rodeia, em vez de colecionarmos frases e pensamentos "brilhantes" que habitualmente não sabemos como utilizar na vida cotidiana.

Ritmos de interação

Existem ritmos biológicos em todas as escalas da evolução, da ameba ao homem, como também nas plantas. Cada espécie varia seu ritmo e, dentro de cada espécie, cada indivíduo tem um pulso diferenciado. Dentro de cada um de nós, os diferentes ritmos são regulares e característicos; se isolarmos uma célula, detectaremos um pulso vital que evidencia que *os fatores biológicos que nos diferenciam de outra pessoa começam muito cedo, mais exatamente – nível celular – com ritmos de interação, multiplicação e diferenciação.*

Todas as pautas rítmicas de um ser humano se condensam numa só função de onda particular ou pulso vital individual. Esse pulso representa uma pauta de identidade, de intencionalidade única, estável e persistente, que conecta e "tinge" de uma cor particular nossas múltiplas manifestações. A linguagem, os movimentos corporais, a memória, o pensamento, os gestos, os sons musicais que emitimos, nossos gostos, a forma de mover as mãos, as posturas, nossas relações, os campos gerados ao nosso redor – desde os verificáveis e quantificáveis campos eletromagnéticos até os diferentes corpos etéreos, aurais, astrais ou radiantes – e nossos atos criativos, são todos manifestações diferentes do pulso vital interno. Comecemos a pensar em nossos ritmos cotidianos e descobriremos que existe uma pulsação subjacente a todos, que nos identifica e nos diferencia dos demais.

O corpo dança continuadamente ao compasso do que fazemos; por exemplo, ao falar, movemos as mãos, os dedos, pestanejamos, balançamos a cabeça e criamos uma polifonia resultante. O interessante é que quem nos ouve também se move ao compasso do nosso relato; Cordon denominou a isso "sincronia interacional". Esse ritmo compartilhado não se dá só quando falamos, mas também se percebe no silêncio. Tal sincronia interacional se dá num código não-verbalizado que expressa o modelo de uma relação.

Não podemos compartilhar um mesmo ritmo com todas as pessoas; à maior intimidade e inclusão do outro, maior o compassar do pulso vital. Quando essa harmonia não é respeitada – por exemplo, entre uma mãe e seu filho – a desconexão rítmica gera patologias severas da comunicação. Muitas das nossas dificuldades têm a ver com uma "arritmia" vital: não estamos "agora", no momento presente, e sim antes ou depois, "fora do tempo", vivendo o passado ou pensando ansiosamente no futuro.

É muito importante nos vincularmos a pessoas que possuam ritmos de interação complementares aos nossos; junto com elas nascerá o ritmo compartilhado. Nem sempre é adequada a relação com pessoas de um ritmo semelhante ao nosso – simétrico – ou abertamente não-complementar, já que no primeiro caso não há enriquecimento rítmico e, no segundo, não se permite harmonia ou sincronia. Também aqui podemos pensar no princípio Yin-Yang: os opostos se atraem uns aos outros para realizar a harmonia; os semelhantes se repelem uns aos outros para evitar a falta de harmonia.

Não existe um único ritmo pessoal; este varia segundo a situação, a hora do dia, os alimentos ingeridos, o estado emocional, a "música de fundo" circundante e muitos outros fatores. Possuímos muitos sub-ritmos diferentes, além de inumeráveis e delicados contrapontos simultâneos.

Tudo o que vive responde a certa ordem, e as desordens aparentes não são senão trocas de equilíbrio no seio do meio vivente.

A matéria ondula

Pinheiro dos Santos estuda a fenomenologia do ritmo – Ritmo-análise – a partir de um ponto de vista triplo: material, biológico e psicológico.

A matéria possui características ondulatórias e rítmicas, havendo transformações recíprocas da matéria e da radiação ondulatória. As diversas potencialidades substanciais da matéria se apresentam em forma de freqüências; a energia pode, na aparência, perder seu ritmo, mas nem por isso deixa de emitir vibrações de luz e calor. A energia vibratória é a energia do existir e a matéria só existe vibrando no tempo. *A matéria e a radiação só existem no e pelo ritmo.*

Nas relações terapêuticas podemos aplicar uma interpretação "ondulatória"; as reações ocorrem de ritmo a ritmo, e não de coisa a coisa, e a escolha de uma ou outra "vibração" de intercâmbio de energias se dá a partir de uma vivência clara do ritmo ondulatório do outro e do conhecimento por parte do terapeuta da vibração rítmica "construtiva" adequada nesse momento. A acupuntura, ao usar uma agulha para tonificar ou sedar o ritmo energético de um meridiano, pratica um princípio similar. O terapeuta – corpo vibrante com capacidade de "simpatizar" na mesma freqüência do outro – deve possuir a arte de associar e "dissociar" os movimentos rítmicos, acentuar os uníssonos, criar contrapontos, tratar sinfonicamente os sentimentos e escolher para a sua expressão as cadências adequadas para a sua "orquestração" sistêmica. Antigos médicos chineses diagnosticavam uma doença a partir da comparação de seis ou mais pulsos distintos, apoiando os dedos no pulso dos pacientes e adotando um estado interior de quietude.

Ritmos vitais

Podemos nos encontrar escravizados por ritmos não-conscientes e confusos, produtos de uma falta de estrutura vibratória, e a ritmo-análise reconhece uma ondulação psíquica favorecedora na criatividade: o "criacionismo ondulatório". Quando nossa identidade rítmica criadora é contrariada ou anulada por um grupo ou uma sociedade limitadora, manifestam-se diferentes enfermidades – psíquicas e somáticas – que contrariam as tendências pulsantes de nossa individualidade. Em nosso foro íntimo, todos nós temos equilíbrio rítmico em nossa pulsação, só que muitas vezes não o deixamos desenvolver-se ou simplesmente não sabemos ouvi-lo.

O domínio sobre a cadência do dinamismo psíquico pode constituir-se no caminho de controle biológico e de reforço das simetrias estruturais. Em seus diferentes planos, o homem deve manter um tempo rítmico harmônico.

A hierarquia funcional da Consciência

A mera presença da consciência põe fim, de imediato, a toda agitação psíquica – e, desde já, somática. Cientificamente, segundo a lei biológica de subordinação que assinala que a simples colocação em jogo de um nível superior subordina instantaneamente e sem esforços os níveis anteriores, se comprova que a consciência se manifesta enquanto nível superior do ser humano, por cima do psíquico e do fisiológico em sua estrutura ternária.

No Harvard Research Center in Creative Altruism foram realizadas experiências com iogues avançados no que diz respeito aos ritmos vitais e psíquicos, e as produções de "ondas de período lento" em estados elevados de consciência. Chegaram à conclusão de que os estados de controle consciente se expressam num ritmo regular, quer seja numa atividade intelectual, evocação afetiva ou relaxamento mental; a rapidez do ritmo periódico da onda está em função da qualidade da carga afetiva, muito rápido em estados ou atitudes anti-sociais, ansiedade e preocupações múltiplas; a amplitude da onda também se relaciona com o mundo afetivo, e é fraca ou ausente em estado de tristeza profunda, e de grande amplitude em estados positivamente alegres ou altruístas.

Todos os ritmos que nos rodeiam são capazes de alterar nossa estabilidade energética. Ante esta abrumadora percussão constante e dissonante, a única proteção possível é através do jogo da hierarquia funcional de toda essa dinâmica rítmica; se vivemos nos ritmos lentos e harmoniosos dos estados superiores de consciência, nos preservamos da influência desestabilizadora dos ritmos desordenados, sendo que com o nosso ritmo beneficiamos certas "arritmias" que nos rodeiam.

Não é necessário ser um iogue consumado para alcançar um estado diferente; por meio de uma respiração profunda, não forçada e mantida, ou com a audição de músicas ou ritmos adequados ao contexto da necessidade, pode-se alentecer notavelmente as nossas ondas rítmicas e contribuir para a pacificação do nosso coração.

Não desconheço a dificuldade dessas práticas e não pretendo que uma simples leitura modifique o nosso funcionamento vital, porém a tomada de consciência de nossas dificuldades e acertos permite-nos dar um passo à frente no caminho do crescimento pessoal-universal.

Nosso ritmo interage permanentemente com o concerto cósmico de batimentos ou pulsações: estamos em sintonia com a música das esferas.

O ritmo que conecta

A exteriorização mais espontânea do homem se manifesta sob o aspecto rítmico. O sentido humano do ritmo é uma disposição instintiva, através da qual agrupamos certas impressões sensoriais recorrentes, significativas e precisas. Esse processo se fundamenta em nossa capacidade subjetiva de reagrupar pulsações em estruturas, e não na "persecutória" compulsão de exteriorizar, com absoluta e perfeita precisão, células rítmicas. Dependemos do ritmo para pensar, sentir, movimentar-nos ou atuar de maneira eficaz e fluida, assim como para perceber adequadamente os estímulos exteriores e reagir frente a eles.

A música e o ritmo não são mais que espelhos das estruturas cósmicas, constituindo, por isso, uma importante via para nos reatarmos com nossas origens mais distantes e remotas. Antes de tocarmos ritmos, os ritmos nos tocaram. A estrutura básica da música é semelhante a qualquer estrutura básica de elementos cinéticos.

Todo o Universo é vibração, que, segundo a sua ordem de freqüência – quantidade de vibrações por segundo – se apresenta como escuridão, luz, cor, som e forma, respeitando a ordem de aparição. Num altíssimo grau de aceleração vibratória se encontra a escuridão, que se transforma em luz; numa freqüência menor, as sombras luminosas geram cor, as cores se transformam em sons e os sons criam formas mais ou menos duradouras. Esses diferentes estados de densidade reproduzem a manifestação deste planeta e as origens da matéria.

O som percebido pelo ser humano é de uma gama de freqüência localizada entre 16 e 20.000 Hz (freqüências sonoras), faixa relativamente pequena – dentro do espectro de ritmos universais – que, a partir do nosso aparelho perceptivo, decodificamos como "som". Existem outros animais que captam faixas maiores (o silvo audível aos cães é, para nós, inaudível). Abaixo de 16 Hz há freqüências subsônicas inaudíveis, tão lentas, que não se medem em ciclos por segundo, mas sim em segundos por ciclos; as freqüências ultra-sônicas, também inaudíveis para nossos ouvidos, nos afetam de formas não conhecidas plenamente. As freqüências extremamente altas flutuam de centenas a milhões de ciclos por segundo e podem ser percebidas sob a forma de calor na pele; por isso são denominadas térmicas. Numa nota grave de um órgão de catedral (aproximadamente 16 a 30 Hz) os pulsos são sentidos claramente no nosso corpo, sobretudo no plexo solar – zona de ressonância das baixas freqüências – percebendo-se como um "motor" ou um instrumento de percussão granuloso e alternante.

Nosso comportamento é uma ondulação constante porque estamos formados por corpúsculos ondulares. A matéria não é "sólida", nem é sem movimento e vibração; tudo vibra ritmicamente. Se olharmos nossa sólida pele num microscópio eletrônico, descobriremos que existe um mundo de aparência aquática que se move ritmicamente numa interminável dança da vida. Quanto mais nos aproximamos do interior das moléculas, descobrimos novas partículas dançantes e menores: prótons, pósitrons, elétrons, nêutrons, quarks. Tudo se dissolve em formas e vazios, em pautas e estruturas.

Uma das funções do ritmo em nosso organismo é a integração de suas distintas partes e de sua harmonização com os pulsos exteriores. Executamos uma contínua música em nossa vida e, por uma propensão inata, tendemos à consonância em oposição à desordem dissonante. Nossa orquestra cerebral, quando atua afinada, nos proporciona a conexão de nossos pensamentos e atos com a lei gravitacional terrestre e com o equilíbrio como estrutura unitária expansiva da consciência, através do sistema vestibular.

O ritmo é o equilíbrio que permite expressar o inexpressável e que sustenta nossas emoções; é a base de todo movimento humano no espaço, incluindo a música. Desde o pulso de nossos silêncios e sono ao equilíbrio do sangue entre a alcalinidade e a acidez, ou a relação complementar orto e parassimpático do sistema nervoso, estar em equilíbrio é respeitar a dinâmica rítmica universal e a mensagem do corpo consciente.

Nas palpitações do nosso coração, no ato respiratório ou no andar regular, todos nós possuímos a capacidade ex-pressiva de impulsos perfeitos num equilíbrio eterno. Nossa missão consiste em nos unirmos a esse pulso e em nos acompassarmos plenamente com o tempo presente.

"O profano olha.
O sábio vê.
O liberto percebe o *ritmo* dos ritmos".

Ouça o seu interior

Uma pessoa com um verdadeiro equilíbrio rítmico também tem bem equilibrado o seu corpo, com o peso distribuído igualmente por entre ambos os pés, e com uma sensação de assentamento firme sobre a terra. Num pulsar incessante, as raízes de uma árvore se abrem a pequenas passadas e submergem seus filamentos para, no futuro, poder frutificar criativamente.

Quando experimentamos uma "perda do ritmo", esta habitualmente provém de uma perda de equilíbrio e de uma instável e errada ancoragem de nosso centro de gravidade fundamental. Podemos ancorar nosso corpo de diferentes formas a partir de um centro de gravidade diferente. Nós ocidentais geralmente nos centramos em torno da cabeça, nossa respiração é pulmonar e a base de nossa sustentação corporal é particularmente instável. Pensemos numa pirâmide invertida, com grande "cabeça" e pouca "base"...

Os orientais ancoram seu corpo ao redor do porto do umbigo; sua respiração é abdominal e sua base de sustentação é firme e estável.

Numa pessoa com as primeiras características, os ritmos vitais responderão a esse padrão de desequilíbrio e instabilidade. Existem noções que se relacionam desde as suas origens: movimento, ritmo, equilíbrio, postura, tomada de consciência do corpo e de sua respiração, relação com o espaço e com o tempo.

Exercício de equilíbrio e ritmo

Sugiro uma experiência.

Sente-se numa cadeira... ombros e cintura relaxados, coluna suavemente ereta... os braços estendidos naturalmente ao longo do corpo, com a ponta dos dedos voltadas para a terra...

Apóie os pés sobre a borda externa das plantas... registre sua forma de conexão com o solo... feche suavemente os olhos...

Respire suave e silenciosamente...

Ouça o seu ritmo interior...

No começo, você certamente irá se distrair com facilidade, mas pouco a pouco começará a perceber uma maré rítmica interior fascinante que prenderá sua atenção...

O suave fluxo e refluxo de sua respiração funciona como um tear de fundo onde se tecerão inumeráveis pulsos rítmicos.

Latejos... ondas... emoções... ritmos... pulsações... tempos... espaços...

Comece a registrar a incidência de sua "audição interior" na forma de arraigar ou assentar seus pés no chão... A relação entre contato firme e equilíbrio rítmico é diretamente proporcional.

Quanto mais sereno e parelho – sem quedas – for o seu ritmo vital, mais você irá sentir o seu peso assentado sobre a terra e todo o seu corpo estará em maior contato com a realidade. Seja paciente e sensível, não queira resultados imediatos...

Seguramente sua respiração tornou-se profunda espontaneamente.

Ouça o seu ritmo interior...

O latejo natural de sua própria vida...

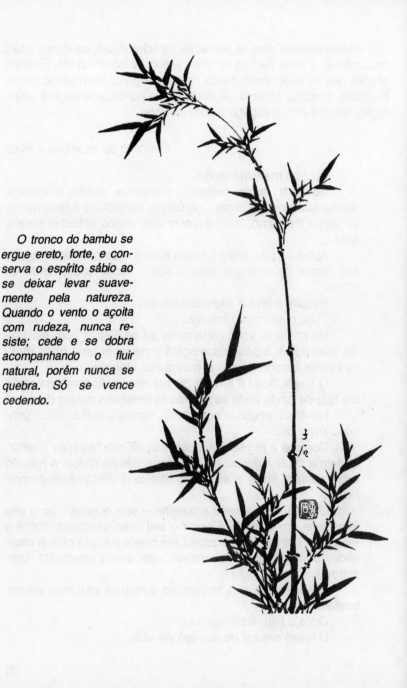

O tronco do bambu se ergue ereto, forte, e conserva o espírito sábio ao se deixar levar suavemente pela natureza. Quando o vento o açoita com rudeza, nunca resiste; cede e se dobra acompanhando o fluir natural, porém nunca se quebra. Só se vence cedendo.

2

Filho das Estrelas *

> A música da vida
> corre o risco de perder-se na música da voz.
>
> Mahatma Gandhi

A VOZ DA VIDA

Ao refletir sobre a origem da nossa vida, nos perguntamos sobre a razão pela qual estamos vivos. Sutis e infinitas ações se organizam num maravilhoso e perfeito contraponto de funções e de formas harmoniosas, muito além de nossos planos de organização racional.

Porém, em nossa realidade cotidiana, essa harmonia é habitualmente contrariada. As estimulantes exigências da vida cotidiana, a acelerada responsabilidade, a atenção permanentemente fixa em solicitações exteriores, nos "descentram".

Corremos em disparada *contra* um mundo de fantasmas criados por nossa compartilhada solidão. Agitamo-nos... mas erguemos o peito, cerramos as mandíbulas, firmamo-nos os ombros, fazemos cara grave e... continuamos avançando?

Acumulamos riquezas – dessas que se perdem nos naufrágios – e continuamos nossa escalada em busca de uma ilusão maior. Cada passo dado, aparentemente um avanço, cria um maior distanciamento de nossas necessidades primárias e vitais.

---

* Este capítulo foi escrito em co-autoria com Gabriela Fregtman.

"Os ávidos de poder perdem a rota do amor, do trabalho e do saber."

Os que vão nessa carreira se afastam dos pilares sobre os quais se assenta uma vida em autêntica relação com os processos cosmológicos. Os que são *arrastados* a esse plano inclinado e decadente da civilização atual, alteram um equilíbrio dinâmico, desviam o fluxo ou o curso natural da existência consciente. *Impulsionam* suas vidas por visões parciais e *reflexas*.

Esses seres perderam a capacidade de sorrir.

"Se não existisse o sorriso, o Tao não seria o que é."

Sua grave seriedade solene encobre sua impossibilidade de tomar a vida como um autêntico jogo criativo. Por detrás de uma máscara séria e dura se esconde uma criança temerosa, carente e distante do caminho do amor.

Esses adultos se transformam em seres pequenos, mesquinhos, vulgares e falseadores da verdade; encarregam-se de deformar os ternos brotos de beleza e flexibilidade que se manifestam espontaneamente nas crianças.

Para os mesquinhos, as crianças, assim como os artistas e os sábios, são perigosas; atentam contra a sua estratégia de vida – e de morte – com seus clarões de inocência.

As ações humanas e suas motivações

Existem cinco *motivações* para todos os atos humanos: a segurança, o amar e ser amado, o reconhecimento e o prestígio, a modificação do mundo, e a motivação lúdica.

A medicina, a higiene, a procura do alimento, a filosofia etc. são atos que se circunscrevem a certa *segurança* de vida; porém, nas religiões, por exemplo, o homem responde a uma busca de segurança depois da vida. A segunda motivação – *amar e ser amado* – é extensível a todos os seres da criação, sejam homens, animais, plantas ou "simples" níveis quânticos.* O reconhecimento ou *prestígio* também é uma motivação que se encontra em outras espécies animais; seja qual for a classe ou a casta a que pertence, o homem

* Ver glossário.

busca o reconhecimento de algum par para saciar essa necessidade. A quarta motivação – *a modificação do mundo* – é muito abrangente e contém uma infinidade de ações que vão desde a simples oposição do polegar com o indicador, às jornadas espaciais; o ser humano cria, transforma, fabrica, troca, modifica sua realidade. A motivação pelo *lúdico,* a brincadeira, é possivelmente uma das motivações mais negadas e reprimidas. O jogo é o único ato que possui uma finalidade em si mesma, e nada mais além dele. Estas cinco motivações podem apresentar-se isoladas ou em conjunto.

O jogo, em todas as suas formas, tem uma função positiva enquanto mantenedor de um autêntico saber corretivo e sistêmico. Uma visão excessivamente racional e teleológica * é necessariamente patogênica e negativa, tendendo à distinção das interações vitais. O homem teleológico só pode ver os circuitos que lhe interessam com vista à sua "atividade humana", deixando de lado as interconexões múltiplas das contingências da vida.

Uma verdadeira sabedoria implica reconhecermos as estruturas em circuito que, assentadas sobre a base do amor e da compreensão, conformam o nosso mundo.

No jogo – o ensaio do relacionamento micro-macrocósmico – o homem busca um valor no ato lúdico, em vez de considerar esse ato como um veículo para um objetivo final.

A arritmia sistêmica

Numa arritmia sistêmica, a conduta humana perde a ingenuidade e a simplicidade. Atos tão vitais como a respiração sucumbiram à distorção e ao desvio de suas manifestações naturais e espontâneas. Os animais e as crianças sadias dilatam e contraem seus abdomens com fluidez ininterrupta. Em nosso crescimento e desenvolvimento perdemos paulatinamente a capacidade de respirar com plenitude e vigor. Esta falência é acrescida pela falta de consciência da dificuldade, que se degenera em múltiplas doenças.

* Ver glossário.

Os falsos "benfeitores"

Numa exposição aos "falsos homens de bem", carentes de consciência, W. Reich proclama:

"Só numa coisa te diferencias do genuíno grande homem: o próprio grande homem foi uma vez um homem vulgar, mas que desenvolveu uma única qualidade importante: a de saber reconhecer quando pensa e atua com vulgaridade e mesquinhez. Sob a pressão de alguma tarefa que lhe tocava o coração, aprendeu a perceber com maior clareza em que oportunidades a sua pequenez punha em perigo sua própria sorte. Portanto, o grande homem sabe quando e como é um homem pequeno e vulgar. O homem vulgar não sabe que é vulgar e teme inteirar-se disso. Encobre sua mesquinhez e estreiteza com ilusões de força e grandeza, de força e de grandezas *alheias*."

A nossa natureza – Quem somos?

Num processo de recuperação de sua flexibilidade respiratória, que reverte os focos de atenção desde o exterior e alheio ao interior e central-pessoal, um adulto enfrenta sua crua realidade com medo do desconhecido:

– Sinto-me mal...

– Meu peito e minhas costas estão tensos.

– Sinto-me cortar o estômago.

– Por quê? Qual é a razão do que acontece comigo?

Quando essa situação surge, podemos notar que crescemos, porém sem compreender nem conhecer qual é a natureza de nosso ser vivo.

Quem somos realmente?

Costumamos ser surpreendidos de "forma repentina" por graves enfermidades que supomos caídas do céu por azar; não percebemos nossa própria responsabilidade e reagimos com racionalidade teleológica defensiva. Com uma bateria de exames, drogas e intervenções cirúrgicas, tomamos todos os cuidados para extirpar e "afastar" o mal de nosso corpo. Sem compreender a raiz de nossos padecimentos, sofremos perdas muitas vezes irreparáveis.

O câncer, como enfermidade típica e representativa de nossa cultura dicotomista, reproduz, em sua origem, condições de aparecimento, desenvolvimento, impacto psicossocial e modalidades "mecanicistas" do tratamento proposto, a totalidade do processo por perturbações do pulso biológico do aparelho autônomo da vida.

Qual é a causa pela qual, frente a essa situação, não percebemos que temos crescido precariamente, sem um reconhecimento integral de nossa pauta de relação com o Universo total?

Alguns seres humanos produzem grandes experiências em momentos de tal extremidade emocional, pois finalmente a realidade transpassa a carapaça do nosso ilusório ego. Somos comovidos, sacudidos em nossas afirmações. Nosso coração percebe a parcialidade do nosso fazer limitado, o desconhecimento dos princípios que governam as manifestações de nossa dolorosa circunstância.

Sofremos o abatimento que nasce de nossa falta de sabedoria. Num sentido amplo, todas as lutas que "observamos" ao nosso redor derivam de nossa ignorância. Nossa forma de conhecer e de nos conhecermos não é orgânica nem funcional. Não há compreensão das relações que configuram essa fabulosa trama cósmica.

O pensamento deve se orientar em direção a fatos e processos objetivos, distinguindo o essencial, o não-essencial e o menos essencial, eliminando as perturbações "irracionais". A autêntica "ação natural" é de índole funcional, não superficialmente mística nem mecânica, onde o juízo é resultado de um processo racional consciente, acessível aos argumentos factuais.

SOMOS FEITOS DE MATERIAL ESTELAR

Todo o Universo é feito de material familiar.

Idênticos átomos e moléculas se encontram presentes numa incessante dança cósmica em nosso próprio corpo e a enormes distâncias do nosso sistema solar e da Terra.

A matéria de que somos feitos se encontra intimamente ligada a distantes processos que ocorreram durante imensos períodos de tempo.

Todo o material rochoso e metálico que forma nosso planeta, o cálcio de nossos dentes, o ferro que circula em nossa corrente sangüínea ou o carbono de nossos gens, se originaram há bilhões de anos no interior de uma gigantesca estrela vermelha.

Depois do Big-Bang

O cientista Carl Sagan relata uma fábula inspirada na formação do Universo em seu processo de criação. Há dez ou quinze bilhões de anos, o Universo não tinha forma. Não havia galáxias, nem estrelas, nem planetas. Não havia vida. O Universo era hidrogênio e hélio. A detonação do Big-Bang (grande explosão) havia acabado e os fogos daquele acontecimento ainda crepitavam debilmente. Um novo ciclo de Kalpa havia começado.

Numa grande escuridão, por "acidente ou acaso", os gases de hidrogênio e hélio se distribuíam numa aparente desordem amontoando-se em concentrações mais ou menos volumosas. Esses grupos gasosos aumentavam e atraíam gravitacionalmente cada vez maiores quantidades de gases próximos. Suas partes mais densas se contraíam e se compactavam cada vez que giravam a velocidades maiores em cada momento. No interior dessas bolas giratórias e redemoinhos gasosos, se condensavam fragmentos menores de maior densidade. Esses fragmentos, por sua vez, se despedaçaram e formaram bilhões de contraídas bolas de gás "menores".

Produziram-se violentas colisões dos átomos nos centros das bolas gasosas, produto da grande concentração. A elevadíssimas temperaturas, os elétrons se desprenderam dos prótons nos átomos de hidrogênio e superaram a barreira de repulsão elétrica que os rodeava, formando-se o átomo mais próximo em complexidade: o hélio. A energia restante da síntese de um átomo de hélio por quatro de hidrogênio atravessou a esfera de gás e se irradiou no espaço. *Nasceu* a primeira estrela no espaço sideral. Fez-se a luz.

A alquimia cósmica

O hidrogênio foi consumindo-se nos ardentes interiores das estrelas e o fogo se acalmou. Com a maior contração e a elevação da temperatura, os átomos de hélio se transformaram em carbono, o carbono em oxigênio e magnésio, o oxigênio em néon, o magnésio em silício, o silício em enxofre. A *alquimia estelar* se expandiu em todas as direções.

As camadas mais externas desses gigantes vermelhos se dissiparam lentamente no espaço enquanto enriqueciam o vazio interestelar com carbono, oxigênio, magnésio, ferro e outros elementos. Camadas externas das estrelas se desprendiam; imensas explosões lançavam porções enormes das mesmas ao espaço; gases finos se dissipavam. Nasciam novas gerações de estrelas. Ao se formarem novas estrelas, também criaram-se condensações menores, tão "pequenas" que não podiam produzir fogos nucleares nem se transformar em estrelas. Assim nasceram os planetas compostos de matéria fria, pouco densa, que em sua lentíssima formação recebiam a iluminação dos fogos que não foram capazes de gerar.

Alguns planetas eram gigantescos e gasosos; frios e distantes de sua estrela-mãe, eram compostos quase que exclusivamente de hidrogênio e hélio. Outros, menores, quentes e próximos, formaram uma superfície rochosa, dura e metálica; foram liberando alguns gases que se condensaram em sua superfície, criando uma atmosfera que, no entanto, era insuportável para um ser humano, composta de metano amoníaco, ácidos de enxofre, água e hidrogênio.

As estrelas-mãe impulsionaram e dirigiram as tormentas com sua luz.

Enquanto os vulcões aqueciam, com sua lava, a atmosfera próxima de sua superfície, produziam-se trovões e relâmpagos que riscavam os novos céus.

Numerosas espécies de moléculas orgânicas complexas foram formadas e dissipadas em verdadeiros "caldos" oceânicos, até que surgiu uma molécula-*padrão* auto-reprodutora, com cópias bastante inexatas.

Com o transcurso do tempo, essas cópias se aperfeiçoaram e por progressão geométrica foram ganhando lugar nos *oceanos criadores*.

Surgiram sistemas de reprodução elaborados que copiavam mais e melhores cópias e se tornaram mais complexos os grupos de moléculas combinados por seleção natural.

Os processos internos da estrela-mãe foram os impulsores dos processos planetários. Tateando, os "filhos" produziam seus primeiros movimentos.

Surgiram espécies de estruturas moleculares capazes de produzir princípios intermoleculares e, assim, nasceram os primeiros esboços de animais e plantas mais antigos.

Os animais se transformaram em parasitas dessas plantas. As plantas transformaram a composição atmosférica. O amoníaco se transformou em nitrogênio, o metano em anidrido carbônico. Produziram-se pela primeira vez quantidades importantes de oxigênio e somente sobreviveram as formas viventes que aprenderam a usá-lo no seu metabolismo.

O sexo e a morte, os períodos de sobrevivência e o vôo, os diferentes tamanhos dos animais, as variações climáticas aniquilavam-se e eram criadas novas espécies de organismos.

Nesse momento a Terra diminui sua temperatura. Os bosques iniciam suas grandes retiradas e pequenos animais arborícolas descem das árvores para buscar um modo de vida nas planícies; adotam a posição ereta, transformam seu meio e usam ferramentas; comunicam-se através de seus órgãos respiratórios e de nutrição, produzindo *ondas de vibração* e compressão do ar.

O fogo é descoberto com a combinação de material orgânico a alta temperatura e oxigênio, desenvolvem-se a casa em comunidade, a escrita, as estruturas políticas, a ciência, a música, a religião, a superstição e a tecnologia.

E surge o homem capaz de refletir sobre o mistério de sua existência, desejoso de conhecer sua origem e o estranho processo pelo qual surge a matéria estelar.

É o material cósmico contemplando-se a si mesmo...
E se sente parte das estrelas...
Mais um filho dessas mães luminosas.

Desde as suas origens, o Universo continuou num inacabado processo de evolução moldando maiores combinações de ordem e beleza superiores.

OCEANOS DE CONSCIÊNCIA

Se observarmos o espectro de tudo o que existe, desde a mínima dimensão microcósmica até a macrocósmica, compreenderemos que todo o Universo mantém padrões constantes de movimento e de relação.

Na gênese de todos os fenômenos naturais através dos quais a matéria gera movimentos e transformações encontra-se a energia que afeta toda a evolução vivente, desde a base do mundo dos átomos até os sistemas galáticos. Numa visão fascinante que nos ensina a unidade de todas as coisas, as transfigurações energéticas são inumeráveis e transcendem a todas as manifestações, orgânicas e inorgânicas. A energia é a causa primordial.

George Leonard induziu, a partir do conceito de *holonomia*,* que a estrutura do nosso próprio corpo e ser reflete a do Universo; segundo esse pesquisador, se pudéssemos ler a biografia de um só próton da ponta de um dedo, aprenderíamos que ele havia vivido muitíssimas vidas, morando talvez na pétala de uma flor ou nas vísceras de um animal, servindo para oxidar a espada de um antigo guerreiro samurai ou ressaltando a pele vermelha de um índio americano. Em tempos remotos, esse mesmo próton pode ter passado uns milhares de anos transformando-se de vapor a nuvem, de nuvem a chuva e de chuva a mar, com "paradas" ocasionais em moradas tais como a raiz de um carvalho ou nos tentáculos de um polvo. Talvez tenha passado bilhões de anos perambulando pelo solitário espaço interestelar e outros milhões esquentando o gigantesco coração do Sol.

A história mística de toda grande religião – hindu, budista, islâmica, judaica ou cristã – insiste em que todas e cada uma das partes que compõem o Universo contêm a totalidade deste. Não é nova a idéia de que a totalidade de um sistema se encontra contida em cada uma de suas partes. Existe relação significativa entre todas as partículas do Universo.

O Teorema de Bell (1964) afirma que nenhuma teoria da realidade, compatível com os postulados da física moderna, pode supor

---

* Ver glossário.

que acontecimentos espacialmente separados sejam independentes entre si. Essa visão quântica supõe que no movimento de cada elétron existe um engrama de conhecimentos dos movimentos dos elétrons restantes do Universo. Essa mesma "consciência" se expressa na matéria em múltiplas formas e é ela que se reconhece a si mesma quando se expande em nossa vida mental.

É possível observar todo o Universo como um fabuloso *oceano de matéria consciente*, evolutivamente intencionado e em movimento, e observar a nós mesmos imersos nele como unidades absolutas e representativas dessa incrível totalidade em expansão.

Todos os nossos átomos, moléculas e células, órgãos e sistemas, assim como a totalidade do nosso ser vivo, ativo e pensante, é um modelo de todo o Universo.

Constelações

Conhecer nosso grau de conexão com o Universo pode nos ajudar em quê?

O conhecimento totalizador nos põe em contato com o mundo das essências – o que é – imanente ao mundo das aparências – o que parece. Frente a ele, a nossa sensibilidade se instrui e se aguça numa capacidade de observação objetiva. Frente ao verdadeiro conhecimento detemos nossa impaciência e somos instruídos na capacidade de espera.

Ao perceber o comportamento "intencional" do Universo, nosso coração consciente absorve o delineamento lógico e benévolo de sua *evolução* e percebe que não existe caos.

O Universo possui uma constância, uma racionalidade que é condição de sua própria existência. A possibilidade de variação – mutação – também depende da permanência dessa constante.

Não podemos supor que as combinações químicas de uma flor, que tornam possível a sua existência, sejam caprichosas: hoje umas e amanhã outras. Há um certo rigor nelas, sem o qual a vida não seria possível. É na pureza das interpretações desses princípios que encontramos na flor a sua beleza e qualidade.

Se desejamos criar uma mutação em nós mesmos, como seres evoluindo no sentido de uma compreensão maior, devemos começar a organizar nossas idéias, concepções e observações. Estas devem ser limpas, claras, reais, abertas. Nenhum preconceito nos pode ajudar.

O canto da Criação

Se desejamos *ouvir* a música que as minúsculas e grandes partes do nosso universo interpretam, nós mesmos devemos transformar-nos em espaços puros de ressonâncias, através dos quais se eleve o *canto da Criação*.

Cada um é em si mesmo a *totalidade* do sistema de energia que se manifesta através de todas as existências – e não uma mera e isolada existência.

Em harmonia com a ciência ecológica, não podemos danificar nenhum sistema de vida sem ferir a nós mesmos, apesar de que em alguns casos as conseqüências de nossa ação possam demorar para se manifestar. Sensibilizar-se nessa tomada de consciência nos ajuda a modificar-nos suave e pacificamente, relacionando-nos com nossa rigidez e indolência. Assim, começamos a moldar nossa pessoa com os delicados e pacientes modos que nascem do verdadeiro conhecimento.

Assim, nos sentimos novamente filhos das estrelas...

BUSCANDO O CENTRO

Exercício de centração

Procure encontrar um espaço no qual você fique cômodo: um quarto ou um lugar tranqüilo onde possa se deitar.

Certifique-se de que a temperatura ambiente é agradável. Por várias razões, o exercício de *respiração* pode, no começo, provocar uma sensação de frio nos pés e nas mãos: esta ameniza com o tempo e com nossa insistência, mas pode produzir em nós certo incômodo.

Deite-se sobre um tapete ou coloque uma manta dobrada debaixo de seu corpo; não o faça muito desabrigado; a roupa que veste deve ser folgada, leve e cômoda.

Durante todo o exercício, pense numa frase: "inalar-exalar", sem interrupções, sem cortes.

É possível que as agitações do mundo exterior continuem funcionando dentro do seu corpo, mesmo no momento em que você deseje se distender.

Se houver distrações, simplesmente procure recuperar seu estado de atenção.

Não deve haver concentração. Na concentração, a atenção se condensa e perdemos a totalidade. De maneira nenhuma se deve forçar com a idéia de conseguir concentração.

Um estado verdadeiro de *consciência* totalizadora nos faz perceptivos de nosso interior e dos 360 graus que nos rodeiam.

Aja suave e tranqüilamente, e em todo momento resolverá as dificuldades que possam se apresentar.

Deite-se: coloque a coluna bem estendida sobre o chão, procurando fazer com que a área da cintura e o pescoço estejam apoiados ou tentando fazê-lo.

Antes de começar o exercício certifique-se de que sua cintura, ao estar deitado, não forme uma grande curvatura. Se houver, flexione as pernas para distendê-la.

Coloque as mãos sobre o abdômen...

Costumamos estar fatigados por maus condicionamentos em nossa respiração. Não pense que você vai respirar. Imagine-se um animal e evoque o abdômen do mesmo... Esse abdômen será o "seu" enquanto durar o exercício; sinta-o leve e descontraído. Não faça força, apenas considere o espaço, a expansão e retraimento que ciclicamente se seguem. Não deve haver "cortes": o extremo do momento da inalação deve ser suave e conter o *nascimento* do momento da exalação.

Quando você começar a repetir a frase "inalar-exalar", trate de manter um pulso regular e de se acompassar com o mesmo. As palavras devem possuir *ressonância*. Centre-se nas ressonâncias do som das palavras, siga seu ritmo natural espontâneo e pouco a pouco elas começarão a se estender, ficarão mais distantes enquanto sua respiração se aprofunda... Inale e exale pelo nariz sem fazer ruído, pois este indica superficialidade. O ar deve se conduzir até a parte baixa do abdômen. Não podemos pensar que são nossos pulmões que respiram: todo o nosso ser se compromete. O ar se expande e modifica a totalidade da nossa pessoa.

É possível que você tenha uma sensação de dureza no peito ou nas costas; com paciência, respire suave e, paulatinamente, essa sensação desaparecerá.

Ao colocar suas mãos sobre o abdômen, sentirá que elas se deslocam com sua respiração. A área próxima ao umbigo é o lugar onde se encontra o verdadeiro centro-origem de nossa vida; é a zona dos intestinos, órgãos sexuais e osso sacro. No Oriente existe uma lenda chamada "das oito fadas", segundo a qual os oito orifícios do osso sacro – como oito fadas – vigiam o grande centro energético que se encontra nele.

No Oriente, atribuem o desenvolvimento da espiritualidade ao trabalho energético e "colocado" do osso sagrado – o sacro. Para a ioga, o centro sacro é representado através do elemento água e se conecta com as funções líquidas do nosso sistema, como a urina e o sêmen, denominando-o também de "centro do movimento"; por essa razão muitos dizem que a ioga é uma "contemplação do umbigo". A qualidade associada a essa zona é a qualidade da água: a *fluidez*. Tudo flui, portanto a compreensão da água é idêntica à compreensão da vida.

A idéia básica deste exercício é fazer você recuperar a capacidade de respiração que lhe pertence desde criança.

Todo o anel da região das cadeiras, diafragma e sacro deve relaxar-se paulatinamente, tornar-se flexível para permitir-lhe uma respiração profunda e localizada: fluida e não forçada.

Inalaaaaar..... Exalaaaar.....

Procure acompanhar o ar... não o "empurre".

Toda a natureza se manifesta com forças de "pulsão", a partir de um centro para a periferia. *Pulsão; não impulsão.*

Só o homem endurecido age com forças de impulsão, externas e musculares. Seja suave... e, se puder, *sorria*.

Repita esta prática até sentir que pouco a pouco você vai recuperando a *flexibilidade*. Talvez o mais importante seja você não perder esta modalidade de relação com a respiração ao caminhar ou ao desenvolver sua vida cotidiana, complicando seus movimentos. Os princípios sempre são constantes e devem colaborar no encontro de uma maior simplicidade e naturalidade.

A possibilidade de um ritmo harmônico, "redondo", circular, sem interrupções, nos centra como seres individuais e nos une à música fluente das esferas.

Todo o Universo mantém uma dinâmica de movimentos perfeitos – respiratórios – de expansão e retraimento. Ele não conhece a fadiga nem a falta de alento; nada sabe de autocríticas nem de interrupções. Sua dimensão é a de *ser*, trabalhando com *inocência*.

É a existência do Universo, do suave movimento de seus espaços, que devemos aprender. Esvaziando-nos de confusões e de exigências duras, recuperamos a inocência. E nossa respiração, nossa dança e nosso canto formarão parte do sóbrio e paciente *sopro da criação*.

"Soprando por vales indômitos,
soprando canções prazerosas e felizes,
numa nuvem vi uma criança
que, rindo, me disse:

Sopre uma canção que fale de um cordeiro.
E eu a entoei com feliz brio!
Gaiteiro, sopre outra vez esse cantar;
voltei a entoá-lo; porém, ao ouvir-me, chorou.

Deixe sua gaita, sua alegre gaita,
e cante suas canções de alegres acentos.
Voltei, pois, a cantar o mesmo,
enquanto ele ouvia, chorando de alegria.

Gaiteiro, sente-se e escreva.
Este é um *livro para ele, que todos podem ler*.
Desfez-se ante meus olhos
e eu tangia um junco oco.

Fiz, então, uma rústica pena
e manchei as claras águas
e escrevi meus felizes cantos
para que todas as crianças se alegrem ao ouvi-los."

Cantos de Inocência, William Blake

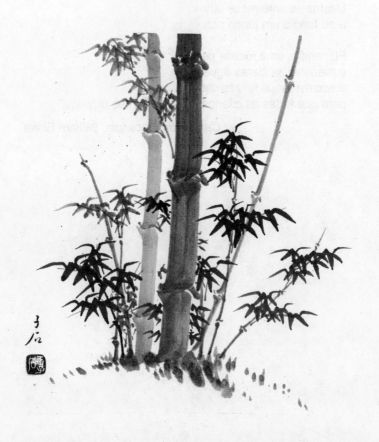

Observa este grupo de bambus. Há pequenos, jovens e anciãos, convivendo em harmonia e unidade. Como uma grande família, compartilham o que têm e conservam sua serena individuação.

3

Vivemos
Numa Sonosfera

"Se se chega a estar lucidamente atento, dispõe-se de uma extraordinária energia... esta energia da atenção é a liberdade."

Krishnamurti

Em maior ou menor grau, existe um "murmúrio geral" constante ao nosso redor, um mundo sonoro que nos envolve, nos rodeia e nos acompanha, que percebemos de forma automática e pretendemos abolir de nossos ouvidos. Normalmente não o percebemos e nos submetemos a uma luta com o mundo exterior.

De todas as experiências que nos afetam, o cheiro e o ruído são as duas mais difíceis de se resistir e evitar. Podemos fechar os olhos, negar-nos a comer algo ou a tocar uma coisa, mas evitar os ruídos ou tapar o nariz aos odores nos custará muito trabalho.

O ouvido é um órgão receptor associado à orientação geral do corpo, o sentido de equilíbrio, a orientação espaço-temporal, o controle dos movimentos e a ação corporal. Constitui uma via preponderante no ajuste do organismo ao seu meio.

Ouvir em torno

Mesmo que não paremos para ouvir, nossa sonosfera nos envolve e nos afeta poderosamente. Comove-nos por inteiro, física e mentalmente. Fortes conexões nervosas ligam o ouvido aos centros superiores do cérebro. Do ponto de vista cibernético, as energias provenientes do mundo circundante – constituídas por vibrações, reações químicas e/ou fenômenos físicos – impressionam nossos circuitos externo-receptores e através dos transcondutores (conversores de energia) os transformam na forma "elétrica". Os estímulos que agem sobre o ouvido se denominam "fonones" – do grego "fonos", som – mas, como veremos mais adiante, as vibrações sonoras nos afetam por inteiro; todo o nosso ser é um instrumento de ressonância.

Ouvir em torno é ouvir-se por dentro. Constitui um conhecimento vital e revelador: transforma a audição inconsciente em consciente. Se algum dia pretendermos modificar os contínuos e variados "ruídos" que nos circundam, deveremos previamente conhecer o ecossistema sonoro.

Ouvir em torno é uma forma simples de *meditação* ou de contato com a realidade. Meditamos quando permanecemos num estado de pensamento puro, diferenciado das condicionadas experiências anteriores. Muitas vezes confundimos o mundo real com o que pensamos ou falamos do mundo através de seus símbolos. Percebemos auditivamente e com o nosso sistema simbólico dizemos:

Ah, "ouço" uma criança brincando com uma bola...

E, na realidade, o que registramos é uma variada sucessão rítmica de tempos e cadências multiformes.

PAM pam pammm BUM bun bunbun pam pa tan tum dum PAM PAM tuctuctuc ss.

Pensemos quantas vezes nos silenciamos interiormente e interrompemos a "tagarelice" incessante que ressoa em nossas cabeças.

. . . .

Encontramo-nos tão cheios de palavras, que os sons puros e reais não têm espaço em nosso ser. É por isso que tantos mestres e filósofos nos falam de certo estado de vazio – vacuidade – como sinônimo de sabedoria e abertura.

Com um copo cheio não é possível tomar água na fonte do conhecimento.

Vacuidade. Quietude. Atitude aberta de escuta.

50

Cerração auditiva

O homem atual necessita libertar-se da descontrolada consciência de si mesmo, da avassaladora autopercepção e da *obsessiva reafirmação pessoal*. Desta forma gozará de uma despreocupada liberdade de ser o que é, aceitando simplesmente as coisas como são e trabalhando com elas da forma mais "contrapontística" possível.

Quando superestimulamos nossa forma egocêntrica, perdemos a percepção do fundo e funcionamos arritmicamente fora do contexto.

A cerração auditiva também nos inibe como ressonadores plenos de sons que nos circundam e são, de fato, muito expansivos e energizantes. Fechamos hermeticamente nosso corpo e os sons não podem penetrar. Esse encouraçamento não é geralmente voluntário, mas a expansão prazerosa experimentada com certas músicas nos proporciona um modelo justaposto à contração angustiante do bloqueio emocional estático. (No capítulo "A Alquimia Emocional", refiro-me especificamente a este tema.)

Todos os sentidos se encontram inter-relacionados e interligados; a diferença se acha nas várias formas de modificar as mínimas ondas vibratórias e enviá-las ao cérebro. O mundo é um universo vibratório e possuímos diversas "antenas" para captar e decodificar só algumas faixas de freqüência. Ao relacionarem-se e complementarem-se entre si, a abertura e a distensão de um dos nossos sentidos implicam incidências e modificações nos demais. *Quando os ouvidos ouvem por si mesmos, os olhos vêem por si mesmos.*

Verifique você mesmo as diferenças de audição e atenção nestes dois casos:

a) Adote nos olhos uma expressão de cólera: olhar duro e brilhante, "soltando faíscas", fixando e concentrando a visão num objeto ou numa pessoa.

b) Deixe o olhar suave e sereno; sem forçar, concentrar ou fixar a vista em algo particular; olhar "brando", global.

Con-tatar os sons

O sentido da audição se encontra também muito relacionado com o do tato (na realidade, todos os sentidos derivam do tato, que é o mais primitivo). As moléculas do ar deslocadas pelos sons "tocam" a membrana do tímpano e registramos uma mensagem, que por decodificação cerebral "convertemos" em som. Simultaneamente, as ondas acústicas nos "tocam" em toda a superfície corporal e em alguns casos sentimos a "pressão" numa região determinada: os registros graves vibram na região do ventre, e os agudos ressoam na cabeça – nos ossos cranianos – como se fossem corpos sólidos cujas texturas são sentidas por nossa pele.

O grau de sensibilidade tátil aos sons varia segundo o estado emocional ou a zona do corpo em que os mesmos ressoem. Todos nós temos áreas mais sensíveis, áreas erógenas, áreas mais defendidas ou encouraçadas, áreas mais tensas ou descontraídas.

Parte da dificuldade em *se contatar* com certos sons é que estes atuam como substitutos do contato corporal e nossos corpos habitualmente resistem ao mesmo por inibições generalizadas à sensualidade. Construímos barreiras que tentam paralisar os estímulos "externos". Transformamos o contato – agradável ou desagradável – em objeto de desconfiança e tememos que nosso espaço "privado" seja invadido.

– Esses "estranhos" ruídos do exterior...
Submetemo-nos a uma luta permanente.

Os concertos de rock – como grandes reuniões tribais – parecem oferecer um contato corporal e uma comunhão rítmica ressoante, que os adolescentes necessitam. Este fenômeno tão comum – não só na juventude – denomina-se "fome de pele".

Sentidos congelados

Ao aceitar que uma das muitas definições possíveis de música seja "a constituição de um sistema sonoro caracterizado por certo grau de organização, padrão ou redundância", percebemos a execução de profusas sinfonias e variados contrapontos rítmicos em todos os rincões de nossa existência.

Claramente despertos, ouvimos o som que nos envolve como se fosse uma peça musical, sem identificar de forma imediata um ruído ou um som do outro, sem nomeá-los, numa dimensão não-verbal: só pelo prazer "sensual" de ouvir a totalidade que somos. Sensualidade que não se refere a nada mais que a ela mesma, nascida em nossos sugestivos sentidos quando tocamos, vemos, cheiramos ou ouvimos. Somos uma cultura que se precipita numa urgente e parcial sexualidade, sem respeitar a sensualidade. Sensualidade dos pássaros ao voar, do extático perfume de uma flor, da lenha ao crepitar. Sensualidade de uma linguagem que não tem frases ou modelos rígidos, nem orações que polarizem o objeto e o sujeito.

Antes assinalamos que construímos barricadas que nos "protegem" de inimigos imaginários, numa batalha tenaz onde não há nada que defender nem conquistar. Mas, assim como da mais intensa escuridão da tormenta nasce o céu claro, *em nossa batalha também há um amor latente*.

A maioria de nós cresceu num meio hostil, onde nossos sentidos foram congelados; mas ainda se conservam intatos. Só esperam que os animemos, os reconfortemos e os ajudemos a despertar para a vida.

Os sons do silêncio

Voltando à audição sonora...

Resulta-nos impossível, devido à nossa formação e educação, deixar total e rapidamente de dar nomes aos ruídos que nos cercam. Não se apresse a apagá-los de sua mente; observe-os como um som a mais dessa sonosfera integral. Desta forma podemos globalizar e unificar o som externo e o interno, superando a modalidade ordinária de consciência, atingindo uma percepção não-dual.

Exterior   Interior   Som   Silêncio

O silêncio também é música.

Tomar contato com o espaço vibratório dos sons é pôr em evidência os silêncios que os criam, que nos cerca: os intervalos maravilhosos entre um e outro ruído. A melodia musical está construída dessa maneira, por intervalos de notas que se percebem como uma totalidade.

Silêncio   Som

Um só fenômeno em vibração, os opostos tendem a desaparecer no plano musical. Criam-se mutuamente. Espacialmente.

La ra la la laaa   Laa la la ra la lan

Aonde quero chegar? A nenhum lugar e a toda parte. À *região lúdica*, que leva o caminho do jogo a buscar o valor no próprio ato (em vez de considerar o ato como um meio para uma finalidade). Todo fim implica um extremo, um oposto, e existe só em relação ao outro extremo. Cada etapa do nosso caminho é, ao mesmo tempo, princípio e fim.

A meditação sonosférica não pode realizar-se por uma melhora posterior ou para uma conquista futura; se dá no momento presente e, se temos os sentidos voltados para o amanhã, já não o estamos ouvindo hoje.

Sem pressa nem preocupações pelo futuro progresso que possamos fazer, sigamos o curso da corrente dos sons que nos chegam, deixando-os acontecer, derivar, sem propósito ulterior ou comentário. Os sucessivos sons vão e vêm como reflexos cintilantes num espelho transparente. *Só se reflete o que é*.

Essa consciência clara apaga a abstrata separação habitual do pensamento e o pensador, do sujeito e os sons, do conhecedor e o conhecido. *Ouvindo o que há que ouvir*, sem pensar no que é ouvido, no que não é ouvido, no audível e no ouvinte. Percebemos sons simplesmente, sem palavras nem conceitos. "Os que sabem não falam."

Nossos pensamentos e ritmos acontecem por si mesmos, existem – como os ruídos do ambiente. Basta observá-los para conscientizá-los e deixá-los ser.

"Somos o que pensamos.
Tudo o que somos surge com nossos pensamentos.
Com nossos pensamentos fazemos o mundo."

O Buda

Sou som

A consciência tende a resistir ao desconhecido e ao inconsciente, ignora a mensagem do corpo e seus sons, opta por um medo profundo e supersticioso ao novo. No limite desse "medo de entregar-se", que nos prende, se encontram os âmbitos de ampliação da consciência. Charles Tart, em seu enfoque sistêmico dos estados de consciência, propõe o termo "estado distinto de consciência" *(Discrete state of consciousness:* d-Soc) para aquela "configuração dinâmica de estruturas psicológicas" que se encontra fora da norma de nossa cultura e que possibilita o desenvolvimento de potencialidades humanas latentes. Um estado alterado de consciência é uma alteração qualitativa na pauta global do funcionamento vital, de modo que quem o vivencia percebe que sua consciência se encontra num estado de radical diferença com a maneira ordinária de funcionar.

Os sons que ouvimos são uma criação nossa, toda experiência é subjetiva, temos consciência dos produtos dos processos de percepção, mas os processos nos são inacessíveis. Cremos no que nos dizem os nossos sentidos, porém é nosso cérebro quem "fabrica" a imagem que acreditamos perceber objetivamente.

A experiência do exterior está mediada por órgãos sensoriais e vias neurais; a imagem sonora que creio ouvir é criação minha e existe indivisivelmente ligada a mim. As mensagens sonoras deixam de sê-las quando ninguém pode lê-las ou ouvi-las.

Assim como sou meu organismo, também sou tudo o que me cerca, um implica a existência do outro e nos relacionamos com o meio de forma transacional. Eu sou os sons que me rodeiam e minha presença implica as vibrações sonoras ao meu redor.

"O espaço,
mas vocês não podem conceber esse horrível
dentro-fora que é o verdadeiro espaço.
Certas sombras,
sobretudo unindo-se pela última vez,
fazem um esforço desesperado por ser em sua solitária

unidade.

Elas vão mal.

Eu encontrei uma

destruída por castigo, já não era mais que um ruído,

porém enorme.

Um mundo imenso a ouvia ainda, porém já não era, transformada só e unicamente num ruído que ainda iria rodar durante séculos, como se nunca houvesse sido."

O Espaço das Sombras, Henry Michaux

Feche os olhos e ouça sua música interior, a "música de fundo" que ressoa dentro de você logo ao ler este poema. Tome consciência do clima emocional que o habita através da música que o seu cérebro cria. Como nos filmes, há uma música de fundo diferente para cada situação que você atravessa e que você executa ao longo de toda a sua vida. Essas músicas se fundem e se completam na sonosfera "exterior".

Novas realidades nos fazem rever crenças limitadoras.

Selecionamos e modelamos a realidade que percebemos, para enquadrá-la em nossas crenças com respeito ao mundo que habitamos.

Para que mudemos nossas percepções básicas que determinam nossas premissas epistemológicas, temos que tomar consciência de que a realidade não se ajusta necessariamente ao que cremos que é.

Só quando revemos nossas crenças podemos levar adiante um pensamento de qualidade superior, sinceramente criativo (Mark Engel se refere a isto como "a única medicina que nos cura de um pensar defeituoso").

Nossa consciência e a capacidade de pensar têm que crescer paralelamente. Isto não implica que entremos numa louca competição de intelectos "superiores" e sim num estado de relaxamento e disposição que nos capacite numa percepção mais sutil de todas as vibrações.

A *projeção* é a base de toda percepção, o *testemunho* do estado de nossa mente; é a imagem exterior de um estado interior.

56

Ao modificar nossa forma de pensar no mundo, modificamos nossa percepção do mundo, percebemos tal como pensamos.

A atitude de ouvir permite transformar-nos em alunos da natureza e aprender mais sobre nós mesmos. As crenças estratificadas limitam a capacidade de encarar as coisas sempre de um novo modo – criativo – de momento a momento, sem a reação condicionante de nosso passado que opera como uma barreira entre a pessoa em si e aquilo que ela realmente é.

Audição central e periférica

A capacidade de nos abrirmos auditivamente se encontra em sincronia com nossa capacidade de identidade e de produção sonora.

Assim como temos dois tipos de visão, também possuímos dois tipos de audição, com diferentes características de pensamento: audição central e audição periférica. Estas duas formas guardam relação de semelhança com os fenômenos de luz focada ou concentrada e luz difusa ou ambiental.

Na audição central nossos ouvidos "enfocam" (como microfones sensíveis e dinâmicos) um ou mais sons determinados, isolando-os do resto, "concentrando-nos" forçosamente numa estreita faixa de informação.

A audição periférica é menos consciente, menos focalizada e delimitada que a anterior. Pode abarcar vários sons ao mesmo tempo, e se expande tridimensionalmente, captando os 360 graus de todos os planos circundantes. A audição central corresponde aos processos de *concentração analítica* e a periférica aos estados de ampliação da *consciência holística*.* "Conscientia" significa literalmente "conjuntamente-conhecer", como em cumplicidade.

A audição centralizada é uma conseqüência direta de nossa forma seqüencial, linear e discursiva de pensamento. Ensinaram-nos a separar e dispor um acontecimento após o outro para pensar "corretamente".

---

* Aquela que acentua a relação orgânica e funcional das partes com o todo.

Isolamos, separamos, dividimos, delimitamos, conceituamos, analisamos; mas muitas vezes não compreendemos.

É certo que usamos continuamente a audição periférica, mas de forma muito inconsciente, sem nos precavermos de seus alcances e possibilidades.

Quando falo desse ponto com meus alunos, pretendo lhes dar uma imagem que os ajude a compreender a audição consciente, não-concentrada.

"Imaginemos que estamos sozinhos em casa, a altas horas da noite, e de repente escutamos um ruído que nos surpreende e inquieta. Não sabemos de onde vem."

Nosso sentido auditivo se aguça e globaliza. Percebemos sons que antes pareciam inaudíveis. Não concentramos a audição. Tomamos consciência da sonosfera reinante.

Consciência holística

Muitas vezes, por nos concentrarmos em algo, nos perdemos da totalidade de um acontecimento. Isolamos nosso arbítrio. E ouvimos só o que acreditamos "importante", só parte da nossa realidade cotidiana. Tememos nos confundir com formas e sons "imprecisos". Queremos limites claros. Branco ou Preto. Científico ou Artístico. Esquerda ou Direita. Reichiano ou Lacaniano. Clássico ou Roqueiro.

Queremos definições rigorosas.

Que ninguém tussa nem pigarreie na sala do concerto porque o ilustre maestro está tocando! Mas seguramente explodiria de felicidade se nos puséssemos a dançar.

As *rígidas regras de convenção* implicam uma perda da espontaneidade natural, mas os limites são, em sua maioria, planejados por nós mesmos.

Ouvimos não tão convencionalmente, apreendendo o som diretamente, no lugar de somente prestarmos atenção em nosso pensamento representativo.

Os meios de expressão que nos proporcionam a linguagem se tornam insuficientes e apenas alcançam a descrição dos processos sensoriais. Porém, quando tratamos de expressar o "sentir" ou a "compreensão" de uma pintura ou audição musical, percebemos sua pobreza e nossa impotência.

Não tratemos de ouvir. Ajamos por nós mesmos, sem tensão, esforço ou preocupação. Estejamos abertos e nos despertemos para uma experiência comum e cotidiana, porém transformada em maravilhosa por sua complexidade e plenitude.

Nosso estado habitual de consciência não é ótimo e sim ilusório e deformado pelo contínuo diálogo interior "fantástico" que dilui toda percepção da realidade. Podemos usar a analogia do sonho: vivemos habitualmente "adormecidos" ou sonhando na escuridão: quando erradicamos esse estado, "despertamos" ou iluminamos a consciência.

Segundo Carl Sagan, possuímos notáveis faculdades cognitivas e um elevado índice de percepção de dados que supera a consciência verbal e analítica, localizada no hemisfério esquerdo do cérebro e que muitos consideram como o único patrimônio digno de se ter em conta. O hemisfério direito se relaciona com a visão tridimensional, o reconhecimento de formas e contornos, as faculdades musicais e o raciocínio holístico. As funções racionais se situam fundamentalmente no hemisfério esquerdo e as intuitivas no direito. Podemos deduzir disso que habitualmente nos movemos pelo hemisfério esquerdo racional e deixamos de lado o intuitivo e afetivo lado direito. Toda a notável atividade criadora do ser humano surgiu da combinação e ação conjunta de ambos os hemisférios.

De acordo com Carlos Castañeda, a consolidação da totalidade de uma pessoa se efetua mediante a união dos "lados" esquerdo e direito, a partir da reconciliação dessas duas formas distintas de percepção num todo unificado.

Encontramo-nos intimamente ligados e conectados ao mundo das vibrações. Através dos sentidos se opera uma profunda e contínua mutação de ritmos. Percebemos simultaneamente um "pacote" sonoro e possuímos a faculdade de discriminação e separação auditiva. Ouvimos o "som do bosque" num fundo gestáltico, mas se não o desejamos nos é possível focalizar nossa percepção no canto de uma ave, no murmúrio do riacho ou no crepitar das folhas ao vento.

Veículos de expressão

A *emoção* é o movimento *expressivo* da matéria viva, sendo *criadora* de vida. Esses três elementos – emoção, expressão e criação – foram muito maltratados nos últimos anos. Confunde-se catarse com argamassa emocional; expressão com movimentos alheios, estranhos e sem sentido; criação com o fazer mimético ou com a mescla de novos elementos.

Existem benditos momentos de "libertação" (o cantarolar no chuveiro, uma festa, uma roda de samba, o grupo de terapia ou a partida de futebol), mas chegamos a um ponto em que não nos animamos a expressar, nós mesmos, nossas alegrias, ânsias, desejos ou dores profundas. Esta "libertação" resulta ineficaz e insuficiente. Cantamos indiretamente nas canções de outros, profissionais educados para "expressar" melhor ("esses que têm ouvido e nunca desafinam").

A música é uma capacidade inerente ao ser humano e *todos* podemos encontrar um veículo de expressão sonora autêntico. Com nosso corpo, nossa voz ou com um instrumento construído por nós mesmos, produzir sons – escolhidos e ordenados em algum tipo de seqüência espontânea – pode produzir um prazer inusitado.

Até agora não encontrei uma só pessoa que careça de "faculdades musicais" ou capacidade de moldar ou modelar-se pela matéria sonora. Podemos nos considerar mais como *processos em movimento* do que como entidades fixas; mais como *ritmos flutuantes* do que como estruturas determinadas.

A corda medular em sintonia

Proponho uma experiência que costumo fazer freqüentemente.

Numa posição cômoda, só fixe sua atenção nos sons que o rodeiam, durante aproximadamente dez minutos... Comece pelos mais próximos (os de seu quarto) e pouco a pouco vá estendendo seu campo e categoria de atenção.

Isso sucede naturalmente, sem que se force nada, sem tentar "chegar" mais distante, sem pressionar ou empurrar...

Deve tender a uma audição global – não analítica – sem traçar limites definidos entre um som e outro... Todo o seu ser pode estar entregue a essa *recepção*. Não vá em busca dos sons; eles vão até você...

Receba as vibrações com/em todo o *seu corpo, todo o seu instrumento de ressonância e sintonia*... Respire lenta e silenciosamente – profundamente – distendendo, na medida do possível, o rosto. Centre-se só na audição... E seus sons ressonantes...

Pense agora que *sua coluna vertebral é uma corda*... possui em cada extremo da mesma uma cravelha que permite afiná-la, tensioná-la, se assim deseja... Afine-a até sentir que tem o tom exato, nem tensa nem frouxa, nem tão esticada a ponto de se quebrar, nem tão frouxa que impeça sua vibração...

Centre-se novamente nos sons provenientes da sonosfera, permitindo-os ressoar na sua corda oscilante...

Essa corda constitui uma antena receptiva de oscilações e vibrações numa ampla faixa de freqüências. O organismo é um instrumento de ressonância, e a coluna – junto com a "corda medular" – age como um diapasão onde flutuam os sons.

Na coluna vertebral humana encontram-se representados tanto os instrumentos de corda como os de sopro. A coluna é como uma flauta, cujo som flutuante é a medula espinhal que sobe e desce com as atividades cerebrais, com o pulsar do coração e a respiração. Essa verdadeira coluna de luz e som vibra quando a energia vibratória flui através do corpo humano. O termo *energia* provém do grego *energes* – ativo – e *energes* provém de *ergon* – obra. A etimologia indica que a palavra *energia* implica atividade.

Através de nossa coluna vertebral experimentamos as diferentes reações provenientes do cérebro, que se bifurcam nas ramificações nervosas que surgem na coluna a *intervalos* determinados e regulares. Ritmo.

Esses intervalos foram medidos e vão baixando numa progressão harmônica como se o som de cada vértebra seguisse uma escala descendente. Assinalo, como exemplo, as primeiras progressões das sete vértebras cervicais, extraídas por Theo Gimbel.

Cervicais

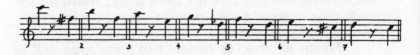

1) DÓ - FÁ #   5ª DIMINUTA
2) SI - FÁ   4ª DIMINUTA
3) LÁ - MI   4ª JUSTA
4) SOL - Mlb   3ª MAIOR
5) FÁ - RÉ   3ª MENOR
6) MI - DÓ #   3ª MENOR
7) RÉ - DÓ   2ª MAIOR

Quando ouvimos e recebemos a totalidade possível do campo sonoro com nossas cordas, sentimos cada som – por pequeno que seja – em relação indissolúvel com os demais. Nossa identidade está nesse todo, como uma vibração a mais dentro dessa sonosfera cotidiana.

A cena se transformou num quadro multidimensional, onde o som provém de todas as direções possíveis, e nossa imersão nela é total. Onde existe ar, existe som. Onde existe água, existe som.

É como se saltássemos da poltrona para a tela da vida e nos encontrássemos dentro do filme – e não como habitualmente estamos: olhando e ouvindo-a de fora, como corpos separados de seu espaço virtual.

    Escolha um disco ou fita ao acaso e tente ouvi-lo ingenuamente, sem pressa nem condicionamentos, surpreendendo-se e vibrando com ele, com essa expressão de assombro que encontramos nas crianças pequenas, que nos devolve a essa maneira de "ouvir" o mundo como o ouvimos pela primeira vez.

Novas emoções – antes despercebidas – novos matizes, cores, climas, intenções, nos põem em *ressonância* emotiva* com os sons, com a música e com seus executantes.

* Ver glossário.

O som surge do silêncio e se perde nas reverberações do nosso cérebro. Ouçamos simplesmente o que é, sem tradução nem significado.

Consciência expansiva

Pense que sua superfície corporal – toda a sua pele – está recoberta por uma grande bolha que o envolve totalmente. Uma fina película o separa de tudo o que o rodeia.

Imagine que uma chuva suave e reparadora desliza pela superfície da bolha... A água cristalina corre pelo seu corpo e vai lavando-o... Seu rosto não oferece resistência à queda da água... distende-se.

A membrana da bolha – em contato com a água – se desfaz, se desintegra... A água lava e arrasta tudo... Seus ombros ficam relaxados e a água vai sendo drenada pelos dedos... vai desaparecendo a película fina que o recobria... Sua superfície corporal se expande até se tornar ilimitada... funde-se com o meio exterior... não há nada que o separe dos estímulos... O ruído acontece dentro e fora do seu corpo... tudo flui... tudo é uma pulsação... o ar entra e sai por si mesmo, sem que você o governe... O vermelho é pura cor e o branco... sem fronteiras... sensível, sem barreiras, aberto... pura emoção... fluindo.

Dentro e fora constituem uma dialética de desmembramento e retalhamento. Quando desenvolvemos nossa consciência como contraposição das medidas de sujeitos conhecedores e objetos conhecidos, tendemos a nos isolar com uma muralha subjetiva, transformando-nos em observadores hostis, separados, distanciados, vivendo numa transparente bolha impenetrável – mas com marcas indeléveis em nossa personalidade – que envolve toda a "nossa" realidade.

"Nunca gozarás devidamente do mundo até que o próprio mar flua em tuas veias, até que estejas adornado com os céus e coroado com as estrelas."

N. Brown

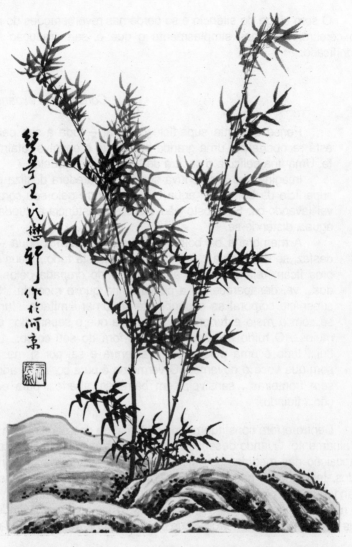

O caráter espontâneo do bambu é a retidão. Sua virtude natural se manifesta em sua forma de crescimento: sempre reto e para cima, dobrando-se docilmente para eludir os obstáculos. Sua ascensão não é violenta, mas modesta e dócil, sem pressa e sem pausa. Assim, seu caráter abnegado e reto é modelo para o homem sábio.

A Música
do Coração

O amor acompanha a existência. É impossível concebê-la sem ele. Toda a existência é amor. Se não amamos e não deixamos que o amor se exteriorize, este emerge na forma de autodestruição. Claro, é preciso que corramos riscos. Na música, como em qualquer experiência vital e essencial, existirão dificuldades e desventuras como resultados desses riscos, mas, com o passar dos anos, essas experiências de amor nos enriquecerão.

Essas experiências de amor nos curarão.

Crenças limitadoras

Muitos de nós compramos instrumentos musicais. Cheios de esperança os tocamos no primeiro, no segundo dia... mas no terceiro o abandonamos. Não sabemos o que fazer com eles; amamo-los e os tememos. Tenhamos ou não conhecimentos musicais, a cena se repete. O instrumento vai adquirindo um valor mítico e sacramental, constituindo-se num verdadeiro objeto sagrado, ídolo tirano, encarnação de desejos, aspirações e poderes secretos. Guarda-se, fecha-se e junto com ele também se enterram muitos dos nossos mais profundos anseios. Constrói-se uma barreira de *crenças limitadoras*. Ao nos aproximarmos do momento de fazer música, parece que certos fantasmas interiores nos possuem, se apoderam de nós e transfiguram nossos desejos.

Quando construímos uma barreira de crenças limitadoras constringimos a capacidade criadora inata que possuímos. A imaginação criadora não conhece limites. Os limites estão formados por crenças que ainda estão por ser transcendidas ou superadas. Ao nos tornarmos mais conscientes de nossas crenças e do manejo das mesmas, começamos a nos libertar delas e a superar nossos limites.

Se cremos que podemos chegar até certo lugar, seguramente chegaremos a esse local.

Essa enorme série de crenças que possuímos controlam e conduzem nosso agir, nossos pensamentos, nossos sentimentos e sons.

— Quando eu era criança, a professora de música me disse que...

— ...eu não sirvo...

Para poder superar essa velada e encoberta série limitadora, pode-se estabelecer uma série aberta de novas crenças sobre o desconhecido.

John Lilly sugere que o desconhecido existe nos fins para mudar a gente mesmo, nos meios para essa mudança, no emprego dos outros para a mudança em nossa própria capacidade de mudança, na própria orientação para a mudança, na própria assimilação das ajudas para essa mudança, no emprego do impulso para mudar, na verdadeira necessidade de mudança, nas possibilidades de que nós mudemos, na forma da própria mudança e na substância ou essência da mudança e de nossa ação de mudar.

Muitos de nós pensamos que, para transcender nossos limites, devemos conhecer primeiramente todo o desconhecido pessoal — tarefa que, sinceramente, creio impossível — e isto constitui a maior crença limitadora.

Se nos animamos a *imaginar* além desses limites, cruzamos as barreiras na "região da mente" e o proibido começa a ser admitido e permitido progressivamente.

Descobrimos que muitas dessas barreiras são barricadas imaginárias construídas por nós mesmos e que estamos travando um combate com um inimigo que não existe na realidade. Olhando o mundo por nós mesmos, diminuímos as barreiras que as palavras podem criar entre nós e a realidade.

Não existe limites para o pensamento, assim como não há limites para os movimentos e os sons.

66

– Quando eu era criança, a professora de música me disse que...

Já não somos crianças.

Barreiras

O que buscamos num instrumento?

Vivemos numa época em que as exigências nos ultrapassam e isto se reflete em nossos modelos expressivos, carregando-os de frustração, competição, confusão e limitação.

No teatro da vida vivemos uma tragédia onde nossa existência gira em torno das "coisas" e da manipulação-apreensão de objetos, encerrando-nos em nossa própria armação, lançando-nos a uma cruenta batalha sem esperança contra seres hostis e competindo – sacrificando nosso equilíbrio e saúde – por possessões mundanas, poder e *status* social. Em vez de nos abrirmos para o mundo, damos-lhe as costas em atitude soberba.

Volto a formular a mesma pergunta: – O que buscamos num instrumento musical?

Qualquer um pode entrar em contato com um instrumento, explorando ingenuamente seus sons, brincando com eles, provando, experimentando, desfrutando com cada descoberta, se antes se despe de toda essa roupagem de exigências e preconceitos estéticos. É claro que essa exploração – como toda busca interior – pode conduzir-nos a partes não desejadas, esquecidas, negadas e escuras de nossa personalidade. Aspectos que consideramos detestáveis, rigidezes, impossibilidades e anquiloses podem se manifestar ao nos pormos *em movimento com um instrumento*. E creio que estes aspectos são os que mais nos paralisam.

A "sombra"

Entre os povos primitivos existia um *medo profundo e supersticioso à novidade* que os antropólogos chamam misoneísmo. De maneira similar, atualmente, levantamos barreiras psicológicas e físicas para proteger-nos dos "comoventes enfrentamentos" com fatos novos. A consciência resiste ao novo e ao desconhecido, ignorando ou negando a mensagem do corpo e seus sons. Os sons de um indivíduo são o espelho do que ocorre em seu interior, e libertar parte desse mundo interior, exteriorizando músicas e sons, pode ser sentido como uma libertação de fantasmas ou espíritos perseguidores. É como iluminar a *região de sombra* formada por aspectos desfavoráveis, negados, escondidos e obscuros de nosso ser. Essa sombra (Jung) se acha povoada de tendências que nunca tiveram a mínima possibilidade de se expressar (nem de se reconhecer) e não constitui a totalidade do inconsciente, e sim alguns atributos ou qualidades desconhecidos ou pouco conhecidos.

– Não toco, vai que podem pensar que...
– Não canto, podem se dar conta de que...

Os aspectos da sombra – o lado escuro – estão tão presentes como os da região "iluminada" e com freqüência nos envergonham, mas quando se fazem realmente conscientes descobrimos que tanto a lentidão como a desafinação, a sensibilidade ou a timidez, não são pecados monstruosos e sim pontos a resolver e com os quais é melhor conviver para modificar em vez de gastar grande parte de nossas energias em conter sua livre saída para o exterior, encourçando todo o nosso organismo.

Os sons exteriorizados geralmente vão associados a cenas que tememos expressar, constituindo a "música de fundo" que recria personagens, interações, ritmos, imagens, emoções e afetos entrelaçados, certo tipo de clima, novas músicas.

A "sombra" contém geralmente forças vitais e valores muito necessitados pela consciência, mas que existem numa forma que torna muito difícil integrá-los à nossa vida.

Que nossa "sombra sonora" se transforme em amiga ou inimiga, depende em grande medida de nós mesmos.

Tememos descobrir algumas áreas que preferimos que continuem ocultas e então levamos "o violão para o armário", crendo que o assunto já está controlado. Mas, cada vez que alguém toca espontaneamente – mal ou bem, porém animado – nos angustiamos sem saber a razão. Corremos para comprar a última criação em eletrônica, pensando que isso solucionará nosso problema, mas apesar desses computadores sonoros serem preciosos instrumentos, a história se repete, pois este não era o ponto que se devia resolver.

Positivo-Negativo

Num momento ou noutro de nossa história musical fomos atravessados por circunstâncias de fracasso e dor, e, de acordo com nossa estrutura herdada, não percebemos que todo êxito é experimentado em contraste perpétuo com o imprevisto e o fracasso. Ensinaram-nos que "errar é humano", mas nos premiaram orgulhosamente os acertos e nos inculcaram um sentimento de infalibilidade onipotente que nos formou com escassa ou nula tolerância às frustrações e dificuldades. *Ensinaram-nos que o doloroso é mal e precursor da morte.* Desta forma, crescemos selecionando acontecimentos e vibrações, escolhendo só as "valiosas" e prazenteiras situações positivas e reprimindo e recusando os "prejudiciais" fatos conflitivos negativos.

E caímos na armadilha.

Rompemos a harmonia.

Quando nós, compositores, erramos uma nota no piano – falhamos – podemos tirar proveito desse imprevisto "negativo", revelado por uma falha, e em nossa busca sonora inspirar-nos no acidente transformando-o em "positivo".

Negativo e positivo... duas faces que se complementam.

Pensamos no som de um instrumento musical – por exemplo, o violino. Se, por meio de aparelhos eletrônicos, analisamos o som do violino, ao isolar seus componentes descobrimos que essa onda resultante está formada por um espectro de componentes harmônicos em vibração (que identificamos como a nota musical) e uma faixa de ruído produzida pela fricção do arco sobre a corda, que ouvimos simultaneamente. Não percebemos que, numa melodia sutil interpretada no violino, uma alta porcentagem do que ouvimos é o ruído do arco sobre a corda, que justamente confere a esse instrumento o seu timbre particular. Se ouvíssemos isoladamente o som da fricção do arco, asseguraríamos que com esse ruído é impossível criar beleza musical. Mas o contexto totaliza.

Em todo processo de crescimento e aprendizagem – incluindo o aprendizado terapêutico – sempre há dificuldades vividas como negativas e, quando não se apresentam no começo, aparecem ampliadas e potencializadas mais adiante.

Se construímos sobre as dificuldades, devemos estar despertos com total independência do que vier a suceder.

Ao atravessarmos uma experiência altamente negativa, teremos que permitir que a emoção negativa se registre em nós, pois esta será a única forma através da qual evitaremos tais experiências no futuro. Não nos podemos dar o luxo de apagar nossa consciência nesses momentos, pois de outro modo repetiremos – em diferentes cenários – os mesmos estados uma e outra vez. Para conhecer o prazer é necessário conhecer a dor? *Positivo e negativo não são mais que as duas faces de uma mesma moeda.*

Esquecimento e memória dos sons

Voltemos à nossa história sonoro-musical.

Sugiro responder a estas perguntas que, seguramente, o contatarão com aspectos vitais e pessoais em relação com o som:

● Você se lembra qual foi o ambiente sonoro durante seus primeiros dias de vida?

● Cantaram-lhe canções de ninar? Lembra-se das canções e de quem as cantava?

● De que sons ou músicas você gostava quando era criança?

● Como era o ambiente sonoro – ruídos e sons típicos da casa – durante a sua infância?

● Que ruídos ou sons o desagradavam quando você era criança?

- Que canções você recorda da sua infância? Cante-as suavemente e evoque as associações que elas lhe despertam.

- Relate a história musical propriamente dita da casa.

- Você teve algum tipo de formação ou educação musical?

- Como foram seus primeiros contatos e aproximação de um instrumento?

- Quais são os seus instrumentos preferidos? Por quê?

- Atualmente, quais sons lhe agradam e quais lhe desagradam?

- Quais são os seus gostos ou preferências musicais?

- Escolha três peças musicais – ou canções – que mais o identifiquem.

- Qual é o ambiente sonoro da sua casa atual?

- Quando, por que e com quem você ouve música?

- Você gostaria de tocar um instrumento? Qual e por quê?

- Quais são os seus cantores preferidos? (masculinos e femininos).

- Você gosta de cantar? Por quê? Com que freqüência o faz?

- Defina a sua voz *falando* e a sua voz *cantando*.

- Como você gostaria que fosse a sua voz?

- Quais são os sons de animais que mais lhe impressionam?

● Que sons da natureza você evoca nesse momento? Que sensações lhe produz cada um deles?

● Se tivesse que se identificar com um instrumento musical, com qual instrumento se identificaria?

A música primitiva

O homem faz música pelo mesmo motivo pelo qual dança ou pinta: para expressar seus sentimentos, para "pulsar" sua emoção. Talvez a palavra adequada seja "parir" a emoção, já que o que se produz é um virtual nascimento dos sons. A música do homem primitivo pode ser primária, talvez se limite a uns escassos compassos, muito simples e dispostos em ritmos monótonos; para os ouvidos de "críticos" peritos, essa música pode carecer de riqueza e brilho "artístico" mas reflete os sentimentos dos homens que a produzem. Evoca totalmente suas alegrias, tristezas, medos, esperanças e deve despertar no ouvinte as mesmas sensações.

Pauzinhos que se batem, ossos furados que se assopram, canas sibilantes, mandíbulas de animais esfregadas, fios que se prendem e formam cordas, caracóis, peles de couro, tambores de tronco eram instrumentos que serviam de veículo às manifestações musicais das comunidades primitivas; compreendidas e compartilhadas por todos os seus membros, não tinham fins artísticos ou individuais e sim eram exteriorizações espontâneas e vitais para a tribo em sua totalidade.

A *música primitiva* era uma expressão da vida da comunidade, enquanto que a música do século XIX ou XX foi produto do gênio individual de poucos e, em alguns casos, do distanciamento e desconexão da realidade circundante e de grupos seletivos.

Algumas teorias da existência da música no homem tomam como ponto de partida para a sua criação a linguagem e suas exteriorizações vocais. O canto dos povos primitivos se originam no estado de embriaguez ou excitação e se manifesta na forma de impulsos motores com significados mágicos, eróticos e religiosos. A fim de comunicar-se com o sobrenatural, procurava-se desumanizar a voz, utilizando guinchos, gritos, coachados, canto ventríloquo, emissões nasais, falsetes, e assim aparecem as primeiras transformações musicais.

Não perca a oportunidade de provar, de explorar com a maior desinibição possível – a sós – todo tipo de jogo ou deformação timbrística de sua voz:

AAAA Grrr aaaauuughhhh Ppom brooommmmm ffffff zzzzzzz za za tá MMMMMM druMMMMMMM mouennnndileeesss ssssssss ou bou trak tk tk tk qq vvmm dun GON prr prr pra aha aha a o o olo i i i i u u u u um m m m m e e esssssss gun

As evoluções filo e ontogenéticas não são muito diferentes e essas explorações, além de nos proporcionar geralmente grande satisfação e distensão, nos ajudam a resgatar muitas das coisas antigas das quais nossa mente tentou se livrar ao evoluir: ilusões, formas arcaicas de pensar, pulsações instintivas fundamentais, fantasias. As explorações vocais e instrumentais podem ativar vícios de nosso ser primitivo e primordial, assim como lembranças encapsuladas de nossa infância e apelar aos remanescentes arcaico-afetivos e criativos.

Em alguns povos, a tendência a deformar a voz natural foi tão importante que começaram a incorporar elementos materiais externos de tipo membrana, que entravam em vibração e determinavam uma sonoridade mais nasal e penetrante. Essas modificações artificiais da voz humana possivelmente geraram a criação de uma família de instrumentos que, com o tempo, substituiria a voz por completo.

O mais importante centro de irradiação e origem de instrumentos pode se situar na Ásia Central, sendo a música instrumental muito mais jovem que o canto.

O homem primitivo, além do canto falsificado, reconhecia duas necessidades básicas e elementares: o ritmo e a emissão de sons acompanhantes (semelhantes às que possuímos atualmente e que tentamos contrariar).

Antes de recorrer ao uso de objetos materiais alheios ao seu corpo, o homem bate palma, pisoteia, dá golpes em seu ventre, percute seus músculos ou seus glúteos, mas como necessita criar sons mais estarrecedores ou penetrantemente diferenciados para comunicar-se com os espíritos – suas massas inspiradoras – começa a utilizar um punhado de guizos ao redor do corpo dos bailarinos, maracas de cabaça, paus e bastões de ritmo, raspadores e outros tipos de instrumento para a marcação rítmica como zumbidores, tubos de uivos, sibiladores feitos de trompas de caracóis etc. A partir desse momento se suspeita da iniciação de uma prática instrumental contínua pelo homem e se começa a utilizar instrumentos de diferentes alturas, como por exemplo um zumbidor grande (homem) e um pequeno (mulher); seus sons, por associação física, o confirmam: mais grave o masculino, o grande; o mais agudo o da mulher, o pequeno. Mais adiante, esse esquema se inverte: a pele maior do tambor é feminina e a pequena é masculina.

Conotações simbólicas

Vejamos alguns significados e conotações simbólicas de alguns instrumentos musicais primitivos, já que são a raiz direta de seus sucessores contemporâneos e muitos deles usados sem sequer suspeitar-se de suas origens. O tambor grande era feminino e a ressonância grave representava a idéia de ventre materno ou ventre da terra; pares de canas ocas de bambu batidas contra o solo se chamavam pai e mãe; cada tambor possuía o nome do espírito que invocava; os instrumentos que provocavam sons uivantes, zumbidores, foram criados por culturas patriarcais, enquanto que os instrumentos que representavam o que o homem sentia ou pensava, e não aterrorizavam, foram criados por culturas matriarcais; o tambor de madeira representava o poder do chefe ou o espírito da Lua, o tambor de terra – dois buracos na terra, de diferentes tamanhos e com comunicação entre si feita por um túnel – era vinculado às cerimônias de sacrifícios de animais; os tubos de moenda que se golpeavam contra o solo simbolizavam a fertilidade da terra; os sinos conotavam a alegria, a proteção ou o aviso de perigo; as soalhas atadas ao corpo eram consideradas amuletos sonantes; as cabaças com sementes dentro – maracas – denotavam a conexão magia-música mais que nenhum outro instrumento (as sementes dentro do chocalho, o mesmo que usam os bebês hoje, simbolizavam o oculto, o "inconsciente", a voz dos espíritos); os xilofones de madeira ou coco se usavam em cerimônias de circuncisão; o *sanza* – lingüetas de canas presas a uma caixa de ressonância – possuía um significado de alumbramento sexual; os raspadores ocos se associavam ao erótico e às caçadas; o grande tambor de couro cerimonial representava o recinto sagrado, projeção do corpo da mãe. O tambor foi o elemento de coesão dentro do grupo primitivo; possuía um espírito que não podia ficar só, então lhe faziam uma choça, deitavam-no, as mulheres cuidavam dele, cobriam-no e o alimentavam com leite, bebido mais tarde por suas cuidadoras; existiam rituais até para a sua construção. As flautas eram fortemente associadas às idéias mágicas, sendo fazedoras de chuva, previsoras de tormentas, estimulantes para os animais, símbolos de defloração e virilidade.

Seja por relaxamento de tensões, ação mágica ou religiosa, ou simples gozo e diversão, cada membro da tribo se encontrava em *igualdade de direitos e niveladas capacidades* para tocar ou cantar, como expressão ineludível de inquietudes internas. O fato de que o feiticeiro se encarregasse, em determinadas ocasiões, de funções musicais específicas, não significava que seu nível ou capacidade musical fosse especial ou superior ao comum. A profundíssima força emotiva que lhe proporcionavam essas relações simbólicas no passado colaboraram com o homem primitivo em sua imersão e fusão com a natureza e sua vinculação ancestral cósmica. A música alcançava a personalidade em sua essência, tentando reproduzir o dinamismo da paixão em sua fonte mais profunda, como autêntica música do coração.

Até o ano 1000 a.C., quando Israel se transforma em reino, um instrumentista chamado David, que devia "curar" a melancolia do rei Saul, institui uma música profissional de templo. Nas cortes européias encontramos pela primeira vez o conceito de profissionalidade musical, que traz como conseqüência a divisão entre música de alta classe ou culta e música do povo ou popular. A música deixa de ter caráter e compreensão coletiva, deixa de ser uma expressão emocional para transformar-se em expressão estética, com necessidade de público e executantes profissionais. Perde significação vital, em todo o sentido da palavra. A vida humana se complica nos níveis mais elevados da "civilização", e requer mais e mais refinamentos em seus meios expressivos; mas é uma tarefa nossa iniciar o caminho de *recuperação do fato musical como fenômeno gerador e veiculador de estados emocionais.*

Programações

"A metade dos pré-julgamentos são carapaças. A outra metade são armas."

Chögyam Trungpa, lama tibetano

– Não tenho ritmo...
– Sou desafinada...
– Sou tapada para a música...
– Nunca vou poder...
– Não tenho ouvido...
– Sinto-me muito ridículo...
– De pequeno me excluíram do coro...
– Sem a partitura não sirvo para nada...
– Surdo, totalmente surdo...
– Sou duro, saio do ritmo...
– Não sei improvisar...
– Me perco...
– Cantar? Isso é coisa pra pivetes...

Estas são algumas das duras "programações" que carregamos nas costas. Frases lapidares, vividas geralmente com dor e resignação. São como leis ou normas aprendidas no passado que carregamos estoicamente e que tememos não cumprir ou obedecer fielmente. Mas, atenção, a maioria dessas idéias referenciais (que algumas vezes são realidades) podem ser revertidas. Ninguém nasce desafinado ou encouraçado, e, ainda que não chegue a ser Arthur Rubinstein ou Ravi Shankar, pode recuperar o prazer de produzir sons e se expressar por um meio não-verbal.

Por que não nos afastarmos por um tempo dos antagonismos bonito-feio, melhor-pior, sujeito-objeto, bem-mal, espírito-natureza, corpo-mente, e começarmos a pensar e a viver de outra maneira?

"Não te preocupes com o que é bom ou mau.
O conflito entre o bom e o mau
é a enfermidade da mente."

Seng Ts'An

Estamos adiando o gozo em nome da utilidade. Temos transformado *o trabalho numa virtude e o jogo num simulacro de espontaneidade*. O jogo é o lugar imaginário onde pode nascer a potencialidade criadora. Quando brincamos com os sons (em inglês *to play*; em francês, *jouer*; em alemão, *spiel*, significam ao mesmo tempo *brincar* ou *tocar, tanger um instrumento*), não tendemos a uma finalidade pronta e imediata, porque não há nenhuma vitória a conseguir. Isso constitui um princípio fundamental no estudo do Zen-budismo e de qualquer arte – inclusive a música – no Extremo Oriente: a pressa é fatal, pois não há meta a alcançar. Assim, o sábio mestre, como o principiante, jamais se congratula de haver "chegado". Não dançamos para chegar a um determinado lugar do chão e sim simplesmente para dançar.

Para uma clara execução de qualquer arte, devemos encontrar o segredo do ritmo adequado no momento presente, com o sentimento de nos deixarmos levar pelo fluir dos acontecimentos, sem pressa e sem atraso. *Tanto a pressa e a aflição, como a demora e o atraso, são diferentes formas de resistir ao devir presente*. Quando nos extasiamos com a audição de uma obra musical, um dos fatores mais relevantes que contribuem para o encantamento é o suave fluir no tempo adequado. Equilíbrio. Cada nota está em seu lugar; nem antes, nem depois.

Numa improvisação de jazz podemos escutar poucas notas, mas se estão vertidas nos devidos espaços, fluindo, são mais efetivas que cataratas de notas agitadas e sem respeitar um tempo interno. Como observação interessante, comparem diferentes versões discográficas de uma suíte de Bach e comprovarão que, com o correr dos anos, foi-se "apressando" a execução, numa corrida atlética forçada, às vezes, sem respeitar a própria dinâmica da obra. Aonde queremos chegar?

Para dar uma boa forma musical à matéria sonora concreta existem elementos que exercem um papel fundamental: som e tempo. As artes plásticas proporcionam uma visão de conjunto e se desenvolvem no espaço. Observando um quadro, recebemos primeiro uma visão global, gestáltica, e logo descobrimos os detalhes; portanto, a pintura é uma arte espacial. A música supõe uma certa organização na sucessão do tempo e é uma arte crônico-temporal. O tempo compõe o ritmo de nossos sons. Equilíbrio. Nem antes, nem depois.

Centros de convergência

Como assinalei antes, toda música pode vincular-se ao curso normal do tempo ou se desvincular dele. No primeiro caso existe uma evolução paralela ao processo do tempo ontológico, identificando-se e transcorrendo numa dinâmica calma e de ampla semelhança; no segundo caso, o que percebemos é um desajuste, uma chamada de atenção, uma ausência nos centros de atração e gravidade, e um renascimento dos contrastes. Dentro dessas duas correntes – muito globalmente – se ouvem quase sempre os criadores musicais.

Desde a mais simples proposta sonora musical à mais intrincada e complexa obra, a chave da *criação* é estabelecer um centro para o qual devem convergir os sons que utilizamos. Dito de outro modo, ao compor – e executar, que é outra forma de criação – *clarificamos um "centro magnético" para o qual convergem nossas emoções mais profundas, atraídas por esse pólo de confluência como que imantadas por uma poderosa força.*

Afasto-me e volto ao centro: provo diferentes caminhos e volto ao centro; combino e volto ao centro. Numa constante acomodação e colocação, cada centração sucessiva é uma aproximação maior de meu vértice de confluência. Se penso neste livro, descubro que ele também possui uma estrutura similar; ao longo de todas as páginas crio variações do tema original, e por diversos caminhos me aproximo do tema central. É como pintar um quadro com diferentes cores.

Jogo espontâneo

O jogo musical espontâneo pode colaborar na vivência do estético, do maravilhoso, da recriação da vida. Como se fosse um quebra-cabeça, tudo depende de como se colocam as peças – sons – e do sentido que se busca nelas. Com esse sentimento de angústia, de enfrentamento ao sinistro fantasmagórico e à morte, o movimento consiste em dirigir-se até a unidade, com a forma de uma espiral convergente na criação. Não obstante, não podemos considerar a vida criativa como um trabalho contra a morte. *O combate contra a morte se encarna numa constante preocupação pelo passado e pelo futuro*, de forma tal que se perde o momento presente, o tempo de nossa vida. A sabedoria está no engenho, no jogo e não no trabalho, na leveza e não na gravidade.

"Se a arte tivesse que redimir o homem, só poderia fazê-lo libertando-o da seriedade da vida e devolvendo-o a uma inesperada adolescência" (J. Lennon). Se a música pudesse nos redimir, seria devolvendo-nos a uma inesperada espontaneidade de autêntico deleite. Essa espontaneidade não proclama o caos ou o abandono da disciplina, mas implica o desenvolvimento para a vida e a expressão pela razão, em vez do domínio da razão contra a vida.

Quando brincamos "sem intenção" com os sons, damos as boas-vindas e a libertação aos nossos sentidos, à nossa sensualidade, harmonizando os sentimentos e as emoções com a razão, anulando a conduta compulsiva de perseguição de satisfações futuras.

Dando as "boas-vindas aos nossos sentidos", perceberemos que há uma importante zona de comunicação que passa pelo tato e pela pele. Com outros seres humanos ou com nosso instrumento musical, como vamos pretender "fazer amor" se antes não nos tivermos tocado, acariciado, estimulado? O instrumento musical necessita de "contatos íntimos" e uma estimulação regular; se não nos sentimos enamorados – no amplo sentido da palavra – nossa música será incolor e vazia, mecânica e não-sensual. Em outros termos, não-erótica.*

É na linguagem que encontramos, habitualmente, a importância do *contato* com o objeto sonoro quando dizemos que um instrumento é "pesado", tem um "toque suave", é muito "suave" ou

---

* *Eros* (em grego), significa *amor* e o deus que tinha seu nome era considerado como uma divindade criadora.

"duro", é "delicado", é preciso "tocá-lo com precaução", temos que "tratá-lo com luvas brancas", é "comovedor", "suscetível" etc.

Aprender a "soar" um instrumento é como educar uma criança, agindo com cordialidade e humor, brincamos com ela, disciplinando-a, mas não a alienando. Às vezes me surpreendo quando ouço alguém vangloriar-se virtuosamente de ter "trabalhado duro" horas e horas com seu instrumento. Isto é um sintoma neurótico que se baseia no princípio de que o trabalho é uma virtude. Podemos brincar – tocar – nossos instrumentos horas a fio numa atitude de consumação prazerosa. Educando-*nos* com suavidade, mas com firmeza. Criando novos caminhos que transitem o gozo, embora se apresentem dificuldades, mas alterando a necessidade da rotina "fatigante". Reiterando e não repetindo; reiterando o movimento e seu som até transformar tudo numa única e indivisível dança.

Os criadores superaram sua infância

A música é uma forma de comunicação presente. Não existe uma "técnica" adequada para tal ou qual instrumento, e sim uma técnica do movimento; as comparações nem sempre são válidas no terreno da expressão humana e as fatigantes rotinas para chegar a ser como fulano ou sicrano no passado, implicam uma dificuldade e incapacidade para superar a infância. *Todos os criadores superaram a infância*; "mataram" as suas figuras parentais e viveram o presente ritmicamente. Nem antes, nem depois. Agora. Pulsaram sua emoção, orgânica e não mecanicamente.

Rompendo pré-julgamentos e abrindo canais, a espontaneidade rítmica do coração nos resgata das carapaças defensivas e dos mascaramentos verbais, habituais em nossa cultura.

O ritmo natural

Bloqueamo-nos quando estamos ansiosos por tocar corretamente as notas. Deixamos de brincar e tratamos de interpretar o ritmo, sem dar lugar ao nascimento espontâneo do pulso. *Não se pode governar e dirigir o ritmo; se o prendemos, o matamos*.

Quando sentimos que o ritmo avança por si só, que nós não o efetuamos, começamos a perceber um processo puro, inseparável e totalizador. Centramo-nos.

Nossos ritmos vitais pessoais se acham em absoluta sincronia e harmonia com os do cosmos; descobri-los é descobrir o ritmo natural. Talvez nesse instante possamos improvisar, tocar "o que nos surgir" mesmo dentro de nossas limitações técnicas; descobriremos que isso que surgiu possui uma estrutura interna clara e definida, motivada por outros impulsos, mais além da reflexão formal.

Seria lindo podermos nos aproximar dos instrumentos – um espelho de nós mesmos – sem metas, nem precipitações (como disse William Blake, "com um espírito de absorto abandono no arabesco dos ritmos"), pois neste estado os sentidos humanos estão plenamente abertos para receber o mundo. As normas fundamentais que governam o encontro com um instrumento são as mesmas que para qualquer expressão espiritual: harmonia, pureza de coração, respeito, quietude, vacuidade e uma profunda e essencial atitude de escuta.

Despojados dessa ansiosa aflição, talvez escolhamos duas notas que nesse instante nos atraíram e só com esses dois sons procuremos voltar nossos sentimentos às flutuações e vibrações sonoras; mais tarde agregaremos outra nota e, assim, com três alturas diferentes, criaremos melodias simples e serenas. Tingi-las-emos de emoção. Transformá-las-emos em *ragas* que fluirão suavemente, sempre e quando mantivermos em todo o nosso ser essa suavidade sem arranques, tão difícil de conseguir com nossa educação ocidental.

A música é uma representação simbólica, imediata e intraduzível para o nosso entendimento e nossa reação. Sua força reside em sua faculdade única de chegar diretamente ao espírito e ao coração por meio de uma articulação simbólica, renunciando à descrição e exegese.

A verdadeira música, diferentemente da linguagem verbal corrente, não se refere a nada que não esteja dentro dela mesma, e carece de orações que separam o objeto do sujeito, apesar de possuir frases e modelos estruturais; não limita as coisas e os fatos. A música *é* vida, enquanto que a linguagem *se refere* à vida.

O instrumento como receptáculo de projeções

Ao explorar as possibilidades acústicas de um instrumento estamos explorando simbolicamente nossa capacidade de criação e jogo no espaço. O instrumento musical funciona como receptáculo projetivo desde o momento de sua escolha espontânea.

– Escolhi este porque é muito íntimo...
– Eu toco aquele porque é pequeno e fácil de manejar...
– Este instrumento me ajuda a descarregar a raiva...
– Sei lá, deram-me de presente...
– Parece um instrumento como o que tocam os que sabem...
– Impressiona-me seu tamanho...

O instrumento é um mediador na comunicação, um enlace transacional fundamental com o mundo exterior. Ao pôr em movimento o instrumento, funcionamos com um modo comunicacional ligado a um nível subcortical, mais aparentado com o inconsciente, não tão intelectualizado e racionalizado.

É que *o som do instrumento é só um reflexo do que se passa em nosso interior*. O instrumento age como prolongamento do corpo e amplifica, transformando em energia vibratória sonora nossos movimentos. Constantemente me vejo dizendo: "Não sei o que fazer com meu violão!", ou "Não soa bem!", e estou errado. Nesse instante não sei como me mover junto com meu instrumento, minhas resistências me impedem de aproximar-me sensitivamente dele. Mas, se meus dedos dançam sobre as cordas, elas cantarão a música da minha dança; e, quando isto se produzir, o clima sonoro que se cria será belo, pois será *o clima de meu coração*. O Memorial da Música Chinesa nos ensina que, se se produz uma nota, ela nasceu no coração humano... "o coração excita a música, a música excita o coração".

Executante e instrumento devem transmutar-se em realidade única e deixar de ser dois objetos opostos. Não basta domínio técnico; necessita-se harmonizar o consciente e o inconsciente numa arte sem artifícios. O acesso a essa transmutação só está aberto àqueles que se aproximam sem segundas intenções, com a candura de criança, com o coração limpo e puro. Emitir um som, com a própria voz ou com um instrumento, não é uma tentativa de conquista externa, mas interna. *Como o arqueiro que aponta a si mesmo, o alvo é a gente mesmo*.

O som exerce um impacto em nosso organismo e certamente produz trocas eletroquímicas muito delicadas. Sabemos que os dispositivos substâncio-energéticos do sistema nervoso encefálico de um indivíduo se relacionam com as combinações de elementos químicos produtores de reações circuitais que alimentam uma porção da atividade cerebral e – no sentido inverso – recolhem sinais de resposta e de controle muscular. Cada pessoa dirige ou determina, mediante a conformação de seu ser e seu particular estado de consciência, a freqüência, velocidade e suficiência da descarga dessas substâncias químicas. Sabemos, também, que o som pode acelerar ou retardar o movimento dessas complexas substâncias. Supõe-se que os sons cantados ou falados exercem um impacto superior sobre o organismo e alguns cientistas baseiam nesse fato o efeito poderoso das mantras repetidas com regularidade.

Vibração da palavra

À guisa de exemplo da influência da palavra, sugiro a seguinte experiência:

Procure um lugar tranqüilo... sente-se numa posição cômoda... os ombros baixos... a coluna reta... o olhar sereno... o rosto distendido... respire o mais suave, profunda e pausadamente possível... sem esforço...

Repita várias vezes em voz alta o seu nome... com voz ressonante... alternando pausas e silêncios... sem crispação... variando os timbres e tons de emissão... brincando com a *vibração da palavra*...

Ressoe com sua própria voz.

Tome consciência de toda a gama de sensações que lhe produz a emissão dessa palavra tão carregada de vital significação pessoal...

Deixe surgirem simples melodias... experimente cantar seu nome... alterne diferentes ritmos... diferentes alturas...

Registre os efeitos produzidos em todo o seu organismo...

Ressoe com sua própria voz...

....
....
....

Eu nunca deixo de emocionar-me ao ouvir o jogo de minha própria voz "chamando-me-"...

CAAAAARRRRLLOOSS CAARLLOOOOSCARLOOOS
CAR LO OOOOS CAAAAR LOS.

A voz

A personalidade (*per-sona*, pelo som) se reflete no som de um indivíduo. É possível a exploração da voz humana em várias dimensões (filosófica, biológica, psicológica, física, sociológica, energética e artística), sendo o aparelho de vocalização humano o instrumento mais flexível que se conhece.

A exploração e a emissão de sons vocais constituem duas possíveis vias desbloqueadoras de afetos arcaicos e reprimidos. Os sons vocais favorecem a emergência de formas presentes no corpo, que no processo de socialização da infância ficaram encapsuladas. No nosso exercício anterior, além do fator subjetivo-pessoal (em relação ao próprio nome), há um fator acústico vibracional que tem a ver concretamente com o tipo de espectro sonoro, com o peculiar timbre vocal, com a forma de ataque do som, com os componentes acústicos e com a onda resultante, bem como com o fator emotivo que subjaz no substrato sonoro.

Mantras

Em relação aos efeitos do som vocal sobre o nosso ser, o estudo das *mantras* pode nos oferecer um campo de experiências vasto e complexo. As mantras são recitações de fórmulas salmodiadas baseadas na repetição – reiteração – do som e do tom, que não se usam só por seu significado, mas como evocadores e assimiladores das forças dos quais são o símbolo. Têm como finalidade, entre outras, a indução de um estado de consciência particular e supraconsciente. O canto desenvolve a respiração, aumenta a proporção de oxigênio que rega o cérebro e, portanto, modifica a consciência (assim pode-se repetir nosso próprio nome, como uma verdadeira mantra).

A mantra hindu mais conhecida é o OM: "OM AUM AOUM MM". A maior parte das mantras contém *m* ou *n*, sílabas que parecem ressoar na cabeça *mesmo quando são repetidas em silêncio*. Om Omm. O mero fato de imaginar simplesmente essas sílabas sonoras pode desencadear uma onda vibratória na região do cérebro situada entre os olhos e sob a testa (sobre o intercílio). Há 4.000 anos os gregos davam ao fonema "OM" o significado de *o todo*.

Cientistas e estudiosos ocidentais – que na realidade observam o fenômeno mântrico de fora, "objetivamente" e em sua superfície – afirmam que o apoio dado ao último fonema *m*, expulsando o ar pelas fossas nasais, propaga a vibração até o centro do crânio, fazendo vibrar, por um fenômeno de ressonância, a hipófise e a glândula pineal. A glândula hipófise controla a síntese de numerosos hormônios, relaciona-se com o equilíbrio e assegura a orientação do corpo no espaço; a pineal coordena o ritmo da respiração e dos batimentos do nosso coração, assim como o pulso rítmico das glândulas sexuais. Asseguram esses estudiosos que com a repetição da mantra se dá uma transfusão do comportamento físico, orgânico e psíquico.

Porém, o fenômeno das mantras é mais fascinante e amplo, e já que a natureza exata dos mesmos é um tema muito difícil de elucidar, reveremos alguns aspectos globais em relação à crença generalizada dos poderes de transformação e criação do som em diferentes comunidades humanas. Esses fenômenos – aparentemente distantes e alheios à nossa realidade cotidiana – podem nos abrir portas mais amplas e caminhos mais profundos para a compreensão de nossa relação sensível com o som como matéria criadora de vida, como música de nosso coração.

Em escritos de determinadas seitas tântricas hindus, aparece a crença de que foi uma energia sonora que criou o Universo e a doutrina hindu relativa à força do som sagrado – Shabda – possui um paralelismo com alguns conceitos relativos ao Logos – a Palavra – a harmonia das esferas e afirmações feitas por Confúcio há mais de 2.000 anos. A liturgia mitraica continha fórmulas mágicas consideradas como "sons-raízes"; as mantras bijas budistas se referem à semente ou raiz com conceitos bastante similares ao profundo, e nem sempre compreendido, parágrafo inicial do Evangelho de São João: "no Princípio era o Verbo e o Verbo era Deus", que, dito de outra maneira, poderia ser entendido como "no Princípio era o Som – a palavra – e o Som era Tudo" (também poderíamos harmonizar esse parágrafo com o que sugerem os artistas da dança, quando dizem que "no Princípio era a Dança – a vibração – e a Dança cósmica era o Ritmo criador"). As obras dos agnósticos gregos afirmam que o Universo surgiu como resposta a uma sílaba criativa e as liturgias de diferentes Igrejas cristãs contêm alguns ressaibos de conhecimentos relativos à qualidade sonora. As palavras "amém" e "aleluia" possuíram, em seu início, um significado mântrico: "AMEN NN, OM em hindu, UNG em tibetano, ANG em chinês, ONG em japonês, UN MEIN em hebreu e aramaico. Na Igreja Ortodoxa Grega seu uso é muito parecido com o das mantras e se pronuncia aproximadamente assim: "ARAMEN" ou "AHMEEN". Alguns católicos – creio que com clara razão – se negam e resistem a pronunciar a missa em outro idioma que não seja o latim, pois consideram que o importante é a repetição múltipla das orações, além de seu significado ou sentido. Os dervixes recitam durante horas o nome de Alá num sentido mântrico... ALAAAALLLAAAAA ALAAA.

Se salmodiamos OHUMMM durante um período de tempo mais ou menos prolongado, tudo se transforma num só e único fazer, num único acontecer; a palavra chega a transformar-se em som puro. A eficácia da mantra não depende em absoluto do significado verbal – ainda que geralmente o possua – e sua longitude varia entre uma e vários milhares de sílabas.

A natureza da mantra comparte suas qualidades com a atraente música tibetana, que costuma evocar com seu som o rugir da água nas torrentes montanhosas, o som dos ventos e o retumbar poderoso do trovão no céu.

Proponho experimentar com uma estimulante mantra que ajudará a libertar nossa mente do pensamento racional-verbal e discursivo por um espaço de tempo:

Registre seu modo de respirar nesse momento... sinta as batidas do seu coração... "escute" seu pensamento... sente-se em posição cômoda... coluna reta... inale e exale suave e profundamente... recite em silêncio: *inalaaar... exalaaaaar... inalaaaaar... exalaaaaaaar... inalaaaaaar... exalaaaaaar... inalaaaaaar... exalaaaar...* mantendo a continuidade, acompassando ao ritmo de sua respiração, entoe em voz baixa, como um suave murmúrio, logo após inalar:

OMMMM MANI PADME HUMMM* inalar, / OM MANI PADME HUM / OMM MANI PADME HUMMM / OM MANI PADME HUM / OM MANI PADME HUM / OM MANI PADME HUM...

Vá elevando pouco a pouco a intensidade – o volume – de sua voz, sem se crispar... pronuncie de maneira monocórdica... abandone, na medida do possível, o pensamento reflexivo e centre-se na vibração sonora:
OMMMMM (enfatizando o M)
MANIPADME (assim quase como uma só palavra)
HUUUMMM (prolongado, demorado)
O ritmo aproximado é assim:

OM MA NI PAD ME HUM

ou em tibetano

UM MA NI PE ME HUNG

Para o leitor que conheça notação musical:

* O *h* deve ser pronunciado de forma aspirada, como em inglês.

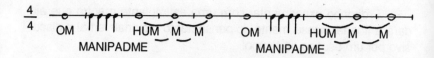

Feche os olhos suavemente e recite em voz alta, entoando esta antiga mantra:

        OM   MANI PADME HUM
        OM   MANI PADME HUM
        OM   MANI PADME HUM
        ....
        ....
        ....

Muitas pessoas "experts" repetem com freqüência que a eficácia de uma mantra está nas vibrações que produz e, portanto, põem excessiva ênfase na sua pronúncia "correta". Entretanto, as mantras sânscritas foram traduzidas para o chinês, tibetano ou japonês — sendo quase irreconhecíveis — e conservaram sua energia e poder. Por exemplo: OM se transforma em ANG, ONG, UNG, UM, AM etc.; SVAHA se converte em SAWAKA (japonês), SOHA (chinês) e cada dialeto modifica a pronúncia dos mesmos. O verdadeiro poder reside mais na mente e no coração do emissor do que no som da mantra.

Por carecerem de significado, não promovem nem favorecem o pensamento conceitual e, por essa razão, podem ajudar-nos a alcançar um estado de consciência que em outras condições é muito difícil de atingir.

As mantras não são fórmulas mágicas de feiticeiros ou de bruxos, com simples capacidade para reconfortar (ou "curar"); são utilizadas com propósitos mais elevados, profundos e essenciais.

Todas as escolas e seitas protegem seus segredos iogues de qualquer profanação possível, limitando muito o ensinamento aos iniciados nessa meditação sonora. Algumas mantras, entretanto, são reveladas; uma mantra Shingon que tem demonstrado ser eficaz para aplacar o medo:

ONG KALO KALO SENDARI MATONGI SAWAKA

Outras de uso popular são:

UM TARE TUTARE TURE SOHA...
UM GARMA TARE SARWA SHATDRUM BIGANEN
MARA SENHA HA HA HEH HEH HO HO HUN HUNG
BINDA BINDA PEH...
OM AH HUM VIAJARA GURU PADMA SIDHI HUM...
OM AH HUM...
RAM YAM KHAN...

Normalmente, a convicção do poder mântrico só se obtém como resultado do poder que surge em nós mesmos com a prática, já que é muito raro que possamos ser testemunhos de "demonstrações".

As mantras podem ser acompanhadas pelo som de alguns instrumentos (guizos, gongo, tambor, triângulo, uma nota de piano, uma corda "ao ar"), que emitimos em reforço à mantra.

Gongo 〜〜〜〜〜
↓
Om mani padme hum

Uma vez que a mantra se interioriza, podemos repeti-la em silêncio, pausadamente, e tocar suavemente o instrumento ao ritmo "interior" da recitação...

Gonnng gongon gongon gooonnnng

Há uma mantra que se baseia nos chacras ou shakras do tantrismo (sete centros energéticos situados paralelamente à coluna vertebral). LUM VUM RUM YUM AUM OM. A cada chacra corresponde uma sílaba, salvo o sétimo, que costuma ser silencioso.

A "compreensão" desse fenômeno não serve absolutamente para nada; a experiência deve se desenvolver a um nível mais profundo que o do intelecto. Por isso lhes proponho que experimentem, apesar de que seguramente com essas práticas elementares não cheguem a se consagrar iogues perfeitos no uso dessa disciplina (sumamente desenvolvida e que requer anos de paciente trabalho e guia de sábios mestres); as recitações periódicas "meditativas" podem ajudar a estender uma ponte com o mundo da natureza cósmica sonora. Eu costumo salmodiar mantras em meu próprio idioma, ou com duas ou três sílabas que podem ou não ter significado, para simplesmente acontecer como som, sem exercer maior controle (nas últimas semanas fechei muitas vezes os olhos frente à minha máquina de escrever e, com todas as minhas forças, repeti em silêncio; *mú-si-ca-do-co-ra-ção, mú-si-ca-do-co-ra-ção;* minhas idéias sempre se aclaravam e minha velha máquina recuperava seu ritmo). Ponhamos ênfase na prática e a compreensão começará a aparecer por si só.

OM ARAPACHANA DEHIH DHIH DHIH...
ou, simplesmente, Bom Bomm   Bom Bomm Bom Bomm
(o pulsar do nosso coração).

Este caminho tem um coração?

A música é muito mais que um ritmo perfeito: é a possibilidade de organizar a matéria sonora de um modo que nos permita comunicar o dinamismo interior. Toda música é uma imensa configuração energética em permanente mudança. Os inumeráveis esquemas energéticos do sistema som-música-ser humano parecem extraordinariamente complexos quando procuramos transportá-los aos nossos sistemas lineares e analíticos; na realidade, a música não tem nada de complexa. O complexo é tentar representá-la mediante palavras, signos ou números. É como tentar medir com uma régua o facho de luz de uma estrela, ou querer contar as fugazes dunas de um deserto continuamente em mudança.

Pare de ler por uns segundos e centre-se no pulsar do seu coração, sinta o pulso de sua circulação, conscientize o *tempo* de sua respiração, compare os dois ritmos, forme um ritmo resultante...

A música excita o coração e o coração anima o surgimento dos sons. Segundo a concepção chinesa, *o coração – Sin – é o assento de nossa consciência emocional,* que é despertada através dos cinco sentidos. A palavra *coração* deve ser lida como sinônimo de *emoção,* de profunda energia criadora e transformadora; como dizia Reich: "Emoção é o movimento pelo qual a matéria viva se expressa". Para os budistas, a sede do *coração* é o terraço da vitalidade; para os confucionistas, é o centro do vazio; segundo os taoístas, é o desfiladeiro escuro ou a terra dos antepassados (um conceito praticamente junguiano); e outros opinam que é o coração celestial. Lao Tsé diz *ver interno;* Skya se refere à *visão do coração;* Kung Tsé disse que *o coração leva à meta,* e há os que assinalam que é *o caminho da consciência.*

Na realidade, todos eles se referem a um processo rítmico de acompassamento da respiração vital. A respiração provém do coração e, ao se excitar o coração, nasce força respiratória. Quando o *coração* está tranqüilo – consigo mesmo – a respiração é calma e profunda; a respiração arrítmica provém da intranqüilidade do *coração* emocional.

Num livro secreto da seita da Pílula de Ouro da Vida (chinesa) diz-se que uma galinha pode chocar seus ovos porque seu coração sempre ouve. A força do calor pode incubar, mas aquecerá só as cascas, não penetrará em seu interior. A galinha conduz pelo ouvido – a luz do ouvido – essa força para dentro com o coração.

Nessa alegoria se reflete uma relação indissolúvel entre o ouvir e o sentir, entre os sons e o coração. *Ouvir até que se ouça que não existe nenhum som. Ouvir para dentro. E dessa escuridão nascerá a luz. Desse silêncio brotarão nossas músicas. Quando criamos um vazio, muitas substâncias fluem para preenchê-lo. Ouvir para dentro de nós.*

bom bom. . . bom bom. . . bom bom. . . bom bom. . . bom bom.

"Qualquer caminho é só um caminho, e não há ofensa nem a nós mesmos, nem aos demais, em deixá-lo, se é isso o que seu coração lhe diz. Olhe cada caminho de perto e olhe com a consciência. Tente-o tantas vezes quanto julgar necessário. Então formule-se a si mesmo, e somente a si mesmo, uma pergunta... esse caminho tem um coração? Se tem, o caminho é bom; se não tem, não serve."

Carlos Castañeda

Agindo o amor

Todos temos algo para comunicar com um instrumento; podemos explorar nossa possibilidade de acionar sensivelmente a matéria sonora, previamente a toda forma de organização musical. Podemos experimentar com os timbres, "cores", rugosidades, texturas, alturas, sensações auditivas; criar climas que correspondam a um substrato emocional determinado; provar ritmos simples, brincar inocentemente com nosso corpo e nos relacionarmos com a voz ou o instrumento sem necessidade de ter que emitir sempre sons "musicais". Devemos esperar, não julgar de antemão, ouvir os sons que nos rodeiam e integrar-nos nessa "sonosfera" com um som a mais – talvez um só som, mas movido desde as raízes – e tudo isto devemos fazer com muito amor. O exercício do amor é o único que realmente nos pode sanar.

O sábio caminho do amor é sempre imutável e uno. Quando nos distanciamos e desejamos uma mera acumulação de conhecimentos nos "inflamos" irrealmente de dados, números, palavras, ritmos ou notas com fictícia solidez, mas não "edificamos". Com toda coisa inflada, nos precipitamos por nosso próprio peso ou nos ferimos com o menor obstáculo que dificulta o caminho. Pelo contrário, se nossa estrutura, edificada passo a passo, fundar firme sua raiz na terra, poderemos frutificar e florescer pacificamente, movendo-nos "desde" as raízes e não cega e forçadamente. O caminho está traçado, mas nenhum animal do planeta é capaz de bloquear seu caminho com tanta eficácia e estereotipada repetição como nós, os homens.

SER SOM

Sugiro-lhe procurar em sua casa algum objeto sonoro para fazer uma experiência interessante. Um copo de vidro, uma travessa de prata, uma panela, uma lâmpada velha ou algum objeto que possa ser percutido suavemente e cujo corpo vibrante possua um *transitório de extinção* longo – que tenha boa ressonância. O som é matéria em forma de energia; se o elemento que você encontrou é de um material vibrante e possui um corpo que amplifique essa vibração, o som obtido possuirá aproximadamente a seguinte forma:

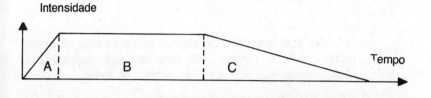

A) *Transitório de ataque*
Depende da natureza da fonte sonora e da inércia para entrar em vibração.

B) *Corpo*
Contém todo o espectro do som.

C) *Transitório de extinção*
Depende da fonte geradora e das condições acústicas da sala (reverberação, ressonância).

Procure um objeto de um material ressonante (com um cano de metal pode-se obter um som tipo gongo), que possua um transitório de extinção extenso – que não soe "seco". Se o som possui pouco volume (intensidade), lembre-se de que uma panela pode funcionar como um amplificador ao estar em contato com o corpo vibrante (como no caso do berimbau no Brasil, onde a cabaça amplifica a vibração da corda e do arco).

Formas dinâmicas

As formas dinâmicas – ou curvas incrementais do som – básicas são as seguintes:

1) *Aparição brusca e extinção brusca.*

Na sua aparição nos surpreende, pois não há preparação prévia e, portanto, dá uma sensação subjetiva de maior intensidade; é a mais "agressiva" de todas.

2) *Aparição brusca e extinção paulatina.*

Possui um começo surpreendente e um final resolutivo.

3) *Aparição paulatina e extinção brusca.*

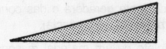

Sua forma de aparição e sua evolução na intensidade criam um clima de suspense, tenso.

4) *Aparição paulatina e extinção paulatina.*

A mais simples; possui duas funções: suspense e resolução.

Essas formas dinâmicas podem colaborar na diagramação de músicas, já que as estruturais musicais – e muitos outros acontecimentos humanos – possuem uma dessas formas ou uma forma resultante da combinação de duas ou mais delas. Ao provar distintos objetos "sonoros", individualize a forma da matéria-som.

Uma vez que encontrou seu "instrumento" mais adequado, procure alguma baqueta para percuti-lo (uma colher de madeira, uma colher coberta por um lenço, ou um pauzinho de madeira ou borracha); não percuta com algo de metal, pois, apesar do scm ser de uma intensidade elevada, o "ataque" do mesmo também será demasiado brusco.

Exercícios de ressonâncias

Procure um lugar tranqüilo em sua casa e sente-se comodamente junto ao seu "instrumento", seja em posição meditativa (se a conhece) ou numa cadeira com um espaldar reto. Procure situar-se no presente. Certifique-se de que não sofrerá interrupções. Ouça o ritmo de sua respiração. . . . . procure distender o rosto. . . . mantenha a coluna reta. . . . faça todos estes movimentos com suavidade. . . sem esforço muscular. . . . lembre-se de que sua coluna é como a corda de um instrumento. . . afine-a, nem muito frouxa, nem muito tensa. . . sinta as plantas dos pés enraizadas no solo. . . levante e abaixe várias vezes os braços com a sensação de que flutuam no espaço, como se você estivesse submergindo na água. . . . . com a mesma atitude de leveza, tome a baqueta e percuta seu instrumento. . . todo o seu corpo pode ouvir esses sons. . . a vibração afeta todos os seus poros e não só a membrana do seu tímpano. procure um pulso reiterativo. . . constante. . . lento. . . percuta várias vezes o objeto, e perceba como todo o seu ser reverbera com essa vibração. . . . . . .

Feche os olhos, continuando seu pulso regular, centrando-se no som e na cor que esse som evoca em sua mente. . . . entregue-se totalmente ao aqui-e-agora sonoro. . . . mantenha sua pulsação todo o tempo que necessitar. . . . . percuta sem

violência. . . . . . busque ressonâncias. . . . .
até chegar a sentir a fusão total com esse som. . . . trate de
não pensar. . . . só o som e sua cor correspondente. . . . .
. . . .
. . . .
. . . .

A autêntica compreensão da música reside em:
Entender uma só nota
Um só som
Uma só rede de vibrações

Escute esse som com atenção
Esse som é você
Sendo som...

Sem mais exames

Tocar música é *conciliar nossa realidade* num instrumento,
que não é senão o amplificador de nossas mensagens. Toquemo-lo
para nos gratificarmos, para nos encontrarmos, não para nos diver-
tirmos superficialmente.

Deixemos de examinar. No terreno dos sentimentos não existem as classificações.

A música e o ritmo são parte inerente de quase tudo o que está em volta e dentro de nós. Desde as gotas de chuva que caem
sobre a terra até os ventos que atravessam o continente rugindo,
toda a existência dinâmica e variável está afetada pelos batimentos
pulsantes; o balanço das árvores, o ritmo dos planetas, a pulsação
do sangue, o canto das aves, o som dos nossos corpos, as "palavras" de nossos instrumentos.

Tocar música é nos harmonizarmos; é romper com nossas
crenças limitadoras que nos constringem e não nos deixam crescer.

Se nosso coração puder recuperar a pureza e a simplicidade
de uma criança, nos deixaremos guiar por seus movimentos primeiros e originais, que são sempre bons.

O amor só brota quando nosso ego renuncia às suas pretensões de autonomia absoluta e, deste modo, deixa de habitar um reduzido e minúsculo reino de desejos, dentro do qual ele mesmo é sua única razão e finalidade existencial.

Aproximando-nos com ingenuidade e amor de nossos instrumentos musicais estaremos mais perto de nosso coração.

O espírito nobre do bambu vê sempre adiante. Como o tempo que jamais regressa, seu crescimento nunca se detém, nem retrocede. Em seu tronco, seus ramos, suas folhas ou suas nervuras, nunca encontraremos direções opostas ou convergentes; toda a sua energia se manifesta numa mesma direção, numa perseverante integridade. Seu ritmo inconsciente o leva a fixar sua meta alta, em direção ao fundo último do Universo.

5

O Tao da Música

"O som da água diz o que penso."

Chuang-Tzu

O Tao

Tao é o conceito ético e metafísico central da filosofia taoísta. A palavra *Tao* provém da combinação de dois caracteres: *ch'o*, que representa um pé dando um passo, e *shou*, uma cabeça. Derivado do signo *ch'o*, o uso da palavra *Tao* significaria *via* ou *caminho*, enquanto que *shou* implicaria uma idéia de pensamento, isto é, um caminho de tipo espiritual. A combinação desses dois conceitos evidenciaria um simbolismo totalizador, onde *Tao* pode ser traduzido como *sentido*.

A Doutrina dos Humildes sugere que "Tao é aquilo do qual alguém não pode se desviar; aquilo do qual alguém pode se desviar não é o Tao". As ações forçadas são inimigas do Tao. Não existe forma de se desviar do fluir da natureza. Qualquer um pode supor que é ou está alheio ao Tao, separado dele e, portanto, pode adotá-lo ou não, mas esta suposição é manifestada já desde o interior do caminho da corrente, pois o Tao ensina que não existe outro caminho além d'O Caminho.

Lao-Tzu disse: "O princípio do Tao é o que acontece por si mesmo".

O espírito ocidental não possui absolutamente nenhum conceito para Tao. Alguns falam de "providência", outros de "razão",

99

"logos" e até os jesuítas o traduziram – erroneamente – pela palavra "Deus".

Como sinônimo de Tao costuma-se usar "Luz do Céu", como o equivalente simbólico da Consciência; a natureza da Consciência é expressa por analogia. Lembremos os dois signos que conformam o ideograma Tao: "cabeça" e "ir"; a cabeça é a "sede da Luz do Céu", e poderia indicar a Consciência; o signo "ir" também se lê como "deixar caminho atrás". Assim, o conceito Tao poderia ser compreendido como "caminho" ou "ir consciente".

No livro *Hi-Tsu* acha-se uma das mais antigas definições: "Tao é um aspecto yin, um aspecto yang", ligando o conceito Tao ao binômio que representa os aspectos opostos, complementares e alternantes de todos os possíveis contrastes do Universo; atividade-repouso, luz-sombra, vida-morte, masculino-feminino etc.

Tao representa o princípio de regulação da alternância das polaridades e de sua eterna mutação.

Para C. G. Jung, Tao é um "símbolo de conjunção". O racional é um conceito demasiadamente limitado para poder expressar uma visão vital totalizadora, pelo que se cria um símbolo, expressão de máxima intensidade, que persegue a libertação dos contrastes da mente humana, onde se opera a conjunção "irracional" destes e, assim, sua definitiva superação.

Só os extremos são excessivamente racionais.

Quando perguntaram ao mestre Ch'an Yün-men o que é o Tao, ele respondeu com a palavra *ch'ü*: ir, continuar, avançar, distanciar-se, avançar sem interrupções nem titubeios. A palavra anteriormente citada, *ch'o* (caminho), também pode ser compreendida como "andar e fazer uma pausa"; assim introduzimos um aspecto fundamental do Tao: o movimento rítmico e a pulsação. Combinando essa idéia com o signo *shou* (cabeça), Tao seria o ritmo adequado, perfeito ou consciente.

O Tao é a última realidade e energia do Universo; é o fundamento do ser e do não-ser. Longe de ser um agente ativo (à maneira da concepção ocidental de Deus), "Tao não é sujeito de nenhum verbo, fazedor ou criador das coisas, mas não obstante não fica sem fazer nada". Por isso, se associa o Tao com o maternal, por seu poder de passividade, atribuído geralmente a todas as mulheres. Tao ensina que "a quietude domina o movimento".

Por que Tao da Música?

Tao é o curso, o derivar, o processo da natureza, o fluir da corrente, expressando a verdadeira essência da música em seu mais alto grau. O Tao não pode ser expresso em palavras, pois não é uma idéia ou um conceito; como a música, pode ser sentido mas não explicado, adivinhado mas não racionalizado, intuído mas não classificado.

A música é uma expressão da harmonia do Universo e este conceito é desenvolvido até suas últimas conseqüências pelos mestres taoístas. Devemos considerar o Universo como um sistema de *sincronicidade* inter-relacionado e harmônico, diferentemente do sistema newtoniano, onde os fenômenos da vida se relacionam uns com os outros numa conexão de causa e efeito, predominando a visão seqüencial e o conceito de tempo.

O Universo é um sistema inter-relacionado, dentro do qual existem subsistemas; há uma clara correspondência entre os estados de qualquer desses subsistemas, numa relação evolutiva *homológica*.

"Numa remota e longínqua região havia um vale em cujo centro se erigia uma majestosa árvore. Os pássaros costumavam reunir-se nela para cantar, ao refúgio de sua sombra; a relva crescia aos seus pés, a água serpenteava entre suas raízes e, à noite, a lua acariciava seus altos e gigantescos ramos. Certa vez, passou pelo vale um grande mago, que, ante a visão da árvore, ficou absorto. Com a força de seus poderes, transformou-a em alaúde. O alaúde viveu no centro do vale por longo tempo, até que um caminhante o recolheu e o enviou de presente ao imperador. Durante dias e semanas, os melhores músicos da corte tentaram fazer soar esse maravilhoso e fino instrumento. Porém, por mais que se esforçavam, não conseguiam extrair dele um só som. O imperador mandou chamar um ilustre e famoso músico que vivia recluso nas montanhas. Este chegou, sentou-se junto ao alaúde e começou a cantar uma suave melodia. Imediatamente, do alaúde começaram a brotar extáticos sons, que se uniam à voz do mestre criando uma incrível harmonia. O imperador perguntou ao sábio músico:

"— Como pode conseguir isso com tal simplicidade, quando os mais conhecidos músicos da minha corte, durante semanas, não conseguiram extrair-lhe um só som?

"– Falei-lhe de seu vale, que o viu nascer, e do chilrear dos pássaros, que são seus amigos cantores, da corrente de água que refrescava seus pés no verão, da Lua que o ama..."

O som da água

É vital compreender – não apenas por interesse no estudo comparado das diferentes filosofias humanas, e sim para estabelecer uma ponta com a nossa realidade – que cada coisa ou acontecimento "é o que é" só em relação aos demais. Quando nossos atos não entram em consonância com o Sol, a Lua e as estrelas, se manifestam carentes de consciência. Ao deixar que os sons fluam naturalmente, seguindo seu caminho adequado, se restabelece uma certa harmonia universal. Todos os sons, até os mais díspares e aparentemente dissonantes, podem harmonizar-se se os respeitamos e não os forçamos arbitrária, artificial, frívola ou abstratamente.

A natureza do Tao não é uma lei, mas possui uma ordem ou modelo orgânico, diferentemente de uma ordem mecânica e legal. É uma ordem não-repetitiva, não-regulamentada, assimétrica e livre como o correr da água.

"Diz-se que a água é algo que possui as faculdades mais completas; se acha no céu e na terra... A razão pela qual as criaturas desenvolvem suas capacidades e alcançam um equilíbrio se deve a que a regulação interna da água que elas contêm está em equilíbrio... Das diversas coisas, não há uma só que não se produza graças a ela. Só ela sabe como confiar em seus princípios e como trabalhar corretamente..." Assim assinalava o notável Chuang-Tzu os modelos de fluidez da água, que sempre inspiraram os caminhos da arte humana.

Quem não ficou extasiado alguma vez, em profundo estado meditativo, ouvindo o suave e rítmico canto das ondas do mar ou o calmante sussurro do arroio na montanha?

Quando, em estado de quietude, nos "dissolvemos" nessas formas de pulsação e vibração, nosso eu se integra ao caminho da água e viaja com ela numa melodia sem fim.

Assim como tentar dominar uma corrente de água provoca um sério estado de tensão, deter o fluxo dos sons – que, como suave música, tecem a dança cósmica – é infrutífero e impossível. Regimes totalitários, rígidos, pretenderam muitas vezes calar o canto dos povos, mas finalmente, com o passar inexorável e paciente do tempo, os sons retomaram seu leito natural, impregnando a consciência dos homens.

O músico deve ser parte da "corrente" sonora, sem tentar submetê-la a um controle "exterior", pois ela se controla – se esta é a palavra adequada – por si mesma. Entender que navegamos numa corrente nos faz conscientes da mesma e, em vez de forçar um caminho traçado de antemão, o derivar nos faz recobrar o ritmo e o equilíbrio perdidos.

– Como se entra no Tao, mestre?
– Ouves o rumor do rio?
– É claro, mestre!
– Essa é a porta.

Agir sem compulsão

Esse ato de flutuar com o Tao, de seguir a gravidade da água, de gerar uma corrente musical que se funda com o meio ambiente, de orientar as velas ao vento, é conhecido como o princípio de *wu-wei*.

Wu-wei é o postulado da não-ação, do agir sem compulsão, que evidentemente não se deve interpretar como preguiça, passividade ou inércia; é o estilo de vida de quem segue o curso do Tao. É compreendido como uma forma superior de sabedoria que conhece os princípios, estruturas e tendências dos atos humanos da natureza; permite utilizar a menor quantidade de energia possível para ocupar-se deles.

Não pensemos no *wu-wei* como anulação do esforço. Implica o uso da energia no momento adequado.

Essa única condição diferencia o grande músico do músico vulgar; o primeiro trabalha sem cortes, sem deter-se, sem esforços nem pressa; concebe a si mesmo como parte integral da música, não necessita ser um "virtuoso", mas expressa a energia em movi-

103

mento. O segundo – o músico "vulgar" – não é um verdadeiro artista; constantemente tenta "dominar" o seu instrumento e executar as notas adequadas para além do devir de sua corrente emocional; geralmente "faz" além da conta e interrompe o curso natural das melodias.

Se pensamos a música como um sistema que envolve um emissor, um meio de transmissão em vibração e um ouvinte, ao ouvir música também podemos agir de acordo com o princípio do *wu-wei*. Sem forçar compulsivamente nossa percepção, os sons fluirão ressonantes, seguindo seu caminho espontâneo. Tao...

Deixemos que a música nos envolva e nos transporte, nos sustente e nos bamboleie, nos guie e nos embale mansamente, nos surpreenda e nos ensine seus enigmas e mistérios.

Devemos viver a música do mesmo modo simples que cozinhamos um pequeno peixe: não mexendo tanto na "caçarola" para que ele não venha a se desintegrar.

Aqueles que compreendem o Tao, que o sentem, podem deleitar-se ouvindo os sons sem nenhum propósito ou resultado mental. Isto não implica que o ouvinte deva adotar uma posição "especial" para ouvir, nem que não possa interromper a sua audição se deseja fazer outra coisa. Os taoístas não consideram a meditação como uma "prática" para um fim determinado e até lhes parece inoportuno dar demasiada ênfase nos exercícios forçados. Não conhecem motivo para submeter o Universo mediante a força física ou mental. Ao ouvirem a música, simplesmente deixam a mente livre de pensamentos, num processo sereno e silencioso, naturalmente simples.

Wu-wei também implica flutuar com nossas experiências e emoções, tal como estas vão e vêm; é um *agir com o momento*, agora com o próprio Tao, sem pretender qualquer tipo de garantia de que nosso agir resultará oportuno e beneficente ou, o que é pior ainda, proveitoso. O Tao não especula... simplesmente é.

Naturalidade e espontaneidade

Nossa filosofia observa, argumenta, analisa, faz deduções, age para chegar a conhecer. O taoísmo conhece para agir e não chega ao conhecimento mediante uma ação prévia, mas pela inação ou não-ação "ativa".

O *wu-wei* – a naturalidade – e o *tzu-jan* – a espontaneidade – são os meios de ação do Tao. Isto significa que entre um estímulo e o ato não há pensamento e sim uma resposta espontânea, imediata, abandonada à reação natural.

A lucidez deriva da quietude

Sobre o *wu-wei* comenta Chuang-Tzu:

"O repouso do sábio (lembremos que na Antiga China, os sábios eram em sua maioria grandes músicos e poetas) não é aquilo que o mundo costuma chamar inação. Seu repouso é resultado de uma atitude mental, toda a criação não poderia alterar seu equilíbrio: daí seu repouso. Quando a água está quieta, é como um espelho, dá a precisão do nível, e o filósofo a toma como modelo. Se a água deriva sua lucidez da quietude, que dizer das faculdades da mente? A mente do sábio, por estar em repouso, torna-se espelho do Universo, espéculo de toda a criação. Repouso, tranqüilidade, quietude, naturalidade, são os níveis do Universo, a perfeição última do Tao."

O músico que, em movimento, possui sua mente quieta como um espelho, reflete como eco os sons da criação; é ele mesmo um instrumento em vibração.

Todo som surge do silêncio, assim como todo acontecimento surge espontaneamente do Vazio. Igual que da superfície de um lago de águas claras de repente salta um peixe, da mente serena e silenciosa subitamente brotam os mais recônditos sons jamais imaginados.

Simultaneidade do pensamento e da ação

A qualidade essencial da naturalidade é a sinceridade da mente indivisível que não vacila em alternativas. Procurar não procurar ser natural é afetação. Procurar procurar ser natural é também afetação. Há uma total e completa contradição entre a naturalidade planejada e a sinceridade intencional.

Diz um poema Zenrin:

"Não podes obtê-lo pondo-te a pensar.
Não podes buscá-lo sem pôr-te a pensar."

O Zen – cuja antiga fonte é o taoísmo – propõe um estado no qual a mente tem que abandonar a si mesma, agindo espontaneamente em direção ao desconhecido, ao criativo. Por esta razão, parece tomar partido a favor da ação contra a reflexão, e chama-se a si mesmo "sem mente" ou "sem pensamento". O músico zen cria suas melodias sem premeditação, permitindo que a mente, o sistema nervoso e os dedos ajam por si mesmos.

Isto não significa que o Tao proclame a ausência de reflexão, senão que nos alerta para não estarmos constantemente acima ou fora do nível em que atuamos. Tao implica uma libertação do dualismo pensamento e ação, porque *pensa como age*.

Agir e pensar simultaneamente na ação.

Muitos têm confundido o conceito de espontaneidade natural com um mero acaso desprovido de critério estético e beleza. Para o Tao não existe um sério conflito ou dualidade entre o acaso natural e o elemento humano que o controla. A técnica artística consiste em exercer uma disciplina espontânea, ou uma espontaneidade disciplinada. O artista se coloca num estado de plenitude em que a mente funciona fácil e livremente, sem essa conhecida sensação de que uma segunda mente a enfrenta com um pau.

O taoísta é aquele que aprendeu a deixar "que suas pernas caminhem sozinhas".

A virtude natural

Quando um homem aprende a deixar quieta sua mente, deixando-a funcionar de modo integral e espontâneo, começa a mostrar uma especial virtude ou poder chamado *te*; o poder criador das funções naturais que fica bloqueado quando tentamos dominá-lo com técnicas e métodos formais.

No funcionamento "inativo" e total da mente se vê sem fazer esforço especial para perceber algo com os olhos, se ouve sem forçar o ouvido, se cheira sem inalar com força, se saboreia sem retorcer a língua, se toca sem pressionar o objeto.

Te é a realização do Tao na vida real; é a virtude natural, fundamentada em sentimentos internos, à diferença da virtude artificial, que se funda em regras-leis estipuladas rigidamente.

Lao-Tzu disse:

"A melhor vontade do mundo, quando é forçada
não consegue nada.
A maior retidão, quando é forçada
parece confusa.
A melhor conduta, quando é forçada
não resulta correta..."

Ressonância e sincronicidade

O primeiro objetivo de qualquer obra estética taoísta é conseguir *ressonância* entre a obra de arte e quem a recebe: ressonância entre perceptor e percepção. Essa *empatia*, cujo significado literal significa *sentir em*, propõe a projeção do sentimento ou da personalidade no objeto percebido. Relaciona-se com o conceito de *simpatia – sentir com* – e com esse estado de vibração por harmônicos em que o sujeito se identifica emocionalmente com a obra.

Luis Racionero, em seus magníficos textos de estética taoísta, assinala que a verdadeira arte é como a canção de Peiwoh que desperta na harpa do corpo – espírito – ressonâncias de emoções e sentimentos longamente adormecidos, aguardando no subconsciente como aromas que dormem no fundo de um vale. Quando a canção é certeira, a arte penetra até o mais profundo.

O poeta Kabir escreve:

"Não vás ao jardim das flores.
Oh! amigo, não vás lá.
No teu corpo está o jardim florido.
Senta-te nas mil pétalas do lótus
e contempla a Beleza Infinita.
Não ouviste a melodia que toca
a Música Silenciosa?
No centro da câmara
a harpa do gozo
ressoa com suavidade e doçura;
por que queres sair para ouvi-la?"

O objetivo do artista é revelar, através de sua percepção diferente, as harmonias e ressonâncias das partes do cosmos, numa linguagem acessível aos nossos sentidos. Através de uma verdadeira alquimia energética vibracional, eleva o perceptor a um nível superior de humanidade, consciência ou emoção.

A possibilidade de ressonância entre seres ou sistemas de energia diferentes se baseia na existência de *isomorfismos* ou similitude de estruturas entre os diversos seres. A. Maslow assinala que não só somos parte da natureza e ela parte de nós, senão que ademais devemos ser o minimamente isomórficos com a natureza (semelhantes a ela) para podermos ser viáveis com ela: "A natureza causou a evolução do homem; por conseguinte, a comunhão deste com aquilo que o transcende não precisa ser definida como algo não-natural ou sobrenatural; pode-se considerá-la uma experiência biológica". (Maslow)

G. Bateson nos fala de homologia ou da "pauta que conecta", Lévi-Strauss da lingüística estrutural, G. Leonard da trama da existência holonômica, A. Maslow da similaridade de formas ou estruturas, C. G. Jung de uma consciência coletiva e universal, L. von Bertalanfty das correspondências de estruturas entre fenômenos que superficialmente se apresentam como diferentes. Na realidade, todos eles se referem – com distintos enfoques pessoais – às antigas idéias de harmonia e sincronicidade cósmica do Tao, onde cada parte se encontra em relação interdependente com o Todo.

"Todas essas coisas têm um significado profundo, mas quando tento explicá-las se perdem no silêncio..."

O espírito da música no Livro das Mutações

A obra que encarna o espírito da cultura chinesa em sua plenitude é o *I Ching*, ou *Livro das Mutações*, que contempla o cosmos de um modo comparável ao do físico moderno, que não pode negar que seu modelo do mundo é uma estrutura decididamente psicofísica. A ciência do *I Ching* repousa no princípio da sincronicidade (Jung), em contradição aparente com nossa maneira ocidental científico-causal de considerar o mundo.

Em sua aparência externa, o *I Ching* é um livro de sabedoria e adivinhação. Consiste em oráculos baseados em sessenta e quatro figuras abstratas, cada uma das quais se compõe de seis linhas. As linhas são de duas classes: as divididas (negativas) e as inteiras (positivas). Crê-se que os hexagramas sejam baseados nas diferentes maneiras em que se costuma quebrar a carapaça da tartaruga quando se esquenta e em outras manifestações naturais. O livro não apresenta uma ciência exata, sendo mais um instrumento útil para aquele que tenha uma boa "intuição" ou esteja "no Tao".

Richard Wilhelm, que trabalhou durante mais de dez anos numa tradução para o alemão do *I Ching,** também analisa à luz dos signos do *I Ching* alguns aspectos do espírito da música e da arte em geral, de inestimável valor por sua profundidade, clareza e beleza.

A graça

O primeiro signo que consideramos em relação com a arte é o signo Pi, a Graça (o agraciado).

Em cima Ken, o Aquietamento, a Montanha

Embaixo Li, o Aderente, o Fogo.

* Richard Wilhelm, *I Ching*, o livro das mutações, Ed. Pensamento, 7ª ed., 1987.

O signo mostra um fogo que irrompe das profundezas secretas da terra e, flamejando para o alto, ilumina e embeleza a montanha, a celestial altura. A graça, a forma bela, é necessária em toda união, a fim de que esta seja ordenada e afável, não caótica e desordenada.

Este signo procede de Tai, o signo da paz.

Em cima Kun, O Receptivo, a Terra.

Embaixo Chien, o Criativo, o Céu.

O princípio criador – o céu, o tempo, o íntimo, o emotivo – está embaixo; o princípio procriador – a terra, que recolhe e engendra, o espaço, o repouso, a suavidade, o branco, o que torna visível que as coisas tomem forma – está em cima.

O signo Tai mostra a fusão do princípio criador e do princípio da concepção; os dois se completam, pois seguem direções e cursos diametralmente opostos.

Dessa mesma maneira se desenvolve o processo criador no ser humano: os dois elementos são necessários para que a idéia tome corpo. Diz Wilhelm que, para que a obra de arte surja, é preciso uma espécie de incubação.

De acordo com esses dois signos, os aspectos da arte ficam classificados em canto e forma, sendo o signo interior o canto e o exterior a forma. Não há conteúdo sem forma, nem forma sem conteúdo; o primeiro se origina no peito e a segunda no espírito, diferenciando-se por seu ponto de partida.

Como os signos do *I Ching* vão mudando continuamente, aparecem dois novos signos básicos que conferem ritmo e têmpera à obra de arte.

Kan, a água, o abismo, e Dschen, o trovão, a sacudida elétrica. Através desta tensão interna, entre o abismo que se abre até embaixo e o trovão que se precipita para o alto, se manifesta a estrutura íntima da obra artística.

Seguindo esse texto, o significado ou sentido de uma obra não é uma idéia do exterior, "introduzida" de fora, senão que o sentido é princípio vital, a força que submete a forma a uma ordem, onde tudo ocupa o lugar que lhe corresponde.

Voltemos ao signo Pi, a Graça.

A montanha – Ken – é a beleza repousada, mas que também irradia luz, que ilumina – como o artista em repouso – de baixo com o fogo criador. Nessa contemplação repousada, nessa luz que ilumina o mundo, está o núcleo da arte e a essência do homem.

"Contemplando a forma do céu pode-se escrutar as transformações através dos tempos. Contemplando a forma do homem se pode modelar o mundo." Aqui reside a harmonia da arte, no suceder ao compasso do tempo, num princípio criador-modelador e procriador.

Vejamos as palavras que acompanham cada linha do signo Pi.

"Confere graça e força aos dedos de seus pés, abandona a carruagem e caminha." "Abandonar o carro" implica o abandono daquilo que é prescindível, de tudo que não responde ao sentido da obra e só "decora", sem ser necessário. O homem íntegro acha que é mais gracioso "andar a pé" que viajar em carro sem ter direito a isso.

O artista deve afundar suas raízes na terra se deseja frutificar.

Quando os taoístas se referem à arte, não só o fazem em relação aos "artistas" da pintura, da música ou da dança: para o Tao a arte maior é a arte da vida, a arte de proceder e de agir adequadamente, seguindo a voz da verdade interior. A arte do Tao é a arte da Criação em todos os âmbitos da vida. Fluir com o Tao é compor uma obra de arte com nossas vidas.

A segunda linha diz "confere graça ao seu cavanhaque" ou "compõe sua barba". Tem um tom humorístico, indicando que a barba não é algo independente; só é movida junto com o queixo. Isto significa que se deve levar em conta a forma somente como acréscimo, como um fenômeno acompanhante do conteúdo. A barba é um adorno supérfluo; seu cultivo independente seria um sinal de vaidade. A bela aparência é permitida quando vai acompanhada do superior. Na obra, os acessórios não são nem bons nem maus, podem ser bonitos e ter sua razão de ser como jogo, mas, só quando permanece fiel a relação de dependência e não se lançam sob a sua própria responsabilidade, se submetem ao império do significado.

Na terceira linha, a obra de arte alcança seu esplendor: "Gracioso e úmido; a constância e a perseverança duradoura, traz ventura e remédio". Estar cercado de graça e de um úmido resplendor, pode também conduzir ao afundamento. A água – o brilho – também significa perigo, abismo. O *I Ching* adverte ao artista não submergir numa úmida sensação confortável e manter um estado de perseverança no progresso. "Procura tirar força da nostalgia do futuro remoto; ocupa-te hoje e aqui do que tens entre as mãos."

O hexagrama na quarta posição nos apresenta o trânsito do artista ao asceta:

"Graça ou simplicidade?
Um cavalo branco chega como que voando.
Ele não é um raptor, não é um ladrão.
Propõe-se a cortejar no prazo devido,
quer seguir sendo livre."

O cavalo é o sol que passa e logo se esconde. A cor branca implica a fugacidade do clarão da simplicidade. As palavras seguintes aludem ao temor, ao surpreendimento, ao modo de captar conscientemente o "momento da arte".

O cavalo alado é o símbolo dos pensamentos que sulcam o ar e voam para além de todas as limitações espaço-temporais.

O artista se acha numa situação onde deve optar pela graça do brilho externo ou o retorno à simplicidade.

Agora continua o signo Pi:

"Graça nas colinas e jardins.
A meada de seda é pobre e pequena;
Humilhação, mas finalmente ventura."

A arte passa da representação do homem – o humano – à representação da natureza. A máscara humana se esfuma no local onde crescem as árvores e se alçam as rochas ao céu. Não é uma casualidade que a pintura chinesa, seguindo o sentido do Tao,

112

tenha-se voltado à paisagem. Paisagens nas quais se possa empreender uma "viagem", paisagens nas quais se possa observar e paisagens nas quais se possa morar.

"Ao sul de minha casa, ao norte de minha casa,
a primavera se derrama;
dia após dia, tão-só vejo gaivotas..."

Poema Paisagista, Tu Fu

A paisagem destaca um retorno à simplicidade, como expressão máxima – sem superficialidade nem decoração – da arte.

O *I Ching* sugere nessas linhas uma possível interpretação: o artista se retrai do baixo mundo do luxo e da ostentação e se refugia na solidão das alturas. Ali se encontra com um homem, que quisera ter como amigo, mas o obséquio que pode oferecer (a meada) é escasso e insignificante; por isso sente vergonha (humilhação). Não obstante, o importante não é a dádiva exterior e sim a atitude interna reta; por isso finalmente chega a ventura e tudo acaba em harmonia.

Em último lugar, culminando o conceito, nos diz:
"Graça singela. Nenhum defeito, sem mancha."

Aqui, já em etapa mais elevada, o artista se desprende de todo adorno. A forma não oculta o conteúdo, mas permite que este alcance seu pleno valor. A graça suprema não consiste em ornamentação exterior da matéria, pois é uma singela e objetiva conformação, sem brilho externo supérfluo.

Wilhelm nos conta a anedota do poeta chinês que tinha uma cítara sem cordas. Passava sua mão por ela e se mantinha em silêncio:
"Só essa cítara sem cordas pode expressar as últimas batidas do coração."

Aldous Huxley freqüentemente dizia que o homem havia perdido a "graça" que os animais ainda conservam, e assinalava que o problema central da humanidade é a busca da graça. Referia-se à graça como a uma ingenuidade e simplicidade perdida, só revivida pelos artistas.

G. Bateson diz que "a arte é uma parte da busca da graça que leva a cabo o homem: algumas vezes, seu êxtase e seu êxito parcial; algumas vezes, seu furor e agonia no fracasso... O problema da graça é fundamentalmente um problema de integração, e o que há que integrar são as diversas partes da mente, especialmente esses múltiplos níveis, um de cujos extremos se chama 'consciência' e o outro 'inconsciente'. Para alcançar a graça, as razões do coração têm que estar integradas às razões da razão".

Na música, a graça é o que permite que pessoas de diferentes culturas confiram significado e validade às obras por cima das barreiras culturais.

Um nativo perguntou, certa ocasião, a um sábio monge taoísta:
– Qual é a idéia fundamental do *I Ching?*
O monge lhe respondeu:
– A idéia fundamental do *I Ching* se expressa numa só palavra...
Ressonância...

O entusiasmo

A *música* cria "harmonia central", sentimentos e emoções se compensam reciprocamente e o núcleo central se transforma num círculo em movimento, em "harmonia interior". O central é a possibilidade emocional. A harmonia é o que estabiliza o equilíbrio dessas emoções.

No *Livro das Mutações,* o espírito da música se acha presente no signo Yü, o Entusiasmo.

Em cima Dschen, o Trovão, o Suscitativo.

Embaixo Kun, o elemento procriador, a Terra, o receptivo.

Estes dois trigramas – Dschen e Kun – simbolizam a imagem da admiração produzida pelo trovão que ressoa por sobre a Terra.

Este signo não é contemplação serena, mas excitação da

sensibilidade que produz a chispa transformadora do inconsciente em consciente.

É um ponto em constante movimento, cuja essência é a *emoção*. "O sentimento não é mudo, se manifesta sonoramente."

O movimento começa com o fervor, que age de forma tal que apaixona, entusiasma. Neste signo se expressa a lei do acontecimento natural e da vida humana, através da lei do movimento na linha de menor resistência *(wu-wei)*. Seguindo este caminho de movimento de menor resistência se funda a inviolabilidade das leis naturais. Estas não constituem algo externo às coisas. Por esta causa os corpos celestes não se desviam de suas órbitas e, assim como a autêntica música do coração, o acontecer natural tem lugar com firme regularidade.

O trovão que se ouve por sobre a terra é o símbolo do sentimento do homem projetado num grito que arranca do subconsciente. Grito que derruba fronteiras e agrupa os homens na comunidade do sentimento de sua alma "coletiva".

"O Trovão surge sonoro da Terra: a imagem do Entusiasmo. Assim os antigos reis faziam música para premiar os méritos e a oferendavam magnificente e cerimoniosamente ao deus supremo, convidando seus antepassados a fazerem outro tanto."

O som do trovão acompanha os movimentos da vida que desperta novamente; é modelo para a música.

Terra, céu e forças metafísicas se conjugam através da música. Os serviços (os méritos) são honrados com música que se manifesta no som e no gesto. Todo movimento, todo som é expressão de algo que nasce no interior. A harmonia da música – o caudal de sentimentos – é ao mesmo tempo o espírito que repousa na divindade e o homem que se conecta com Deus graças ao espírito da música. A infinidade de antepassados, os mestres que ontem trabalharam e criaram, são hoje convidados a se congregarem em torno da divindade. Os músicos foram sempre os "devas" que se conectaram com as forças da Criação.

Quando ao começar o verão – diz o *I Ching* – o trovão, a força elétrica, volta a surgir rugindo da terra e a primeira tormenta refresca a natureza, se dissolve uma prolongada tensão. Instalam-se assim o alívio e a alegria. De um modo semelhante, a música possui o poder de dissolver as tensões do coração surgidas da veemência de obscuros sentimentos. O entusiasmo do coração se manifesta espontaneamente na voz do canto, na dança e no movimento rítmico do corpo.

Dizia Hakuin, mestre japonês do Zen:

"Na música e no canto está a voz da lei".

Desde os tempos antigos – continua o *I Ching* – o efeito entusiasmador do som invisível, que comove e une os corações dos homens, se percebia como um enigma. Os soberanos aproveitavam essa propensão natural da música, elevavam-na e punham ordem nela. Tinha-se a música por algo sério, sagrado, que devia purificar os sentimentos dos homens. Devia cantar loas às virtudes dos heróis e estender assim a ponte para o mundo invisível. No templo as pessoas se aproximavam de Deus com música e pantomimas. Os sentimentos religiosos frente ao criador do mundo se uniam aos mais sagrados sentimentos humanos, de veneração dos antepassados, numa aliança entre divindade e humanidade.

Os sentimentos têm sempre motivações, porém estas não são "racionais". Aqui se oculta um primeiro perigo, esboçado nos signos nucleares deste hexagrama. O signo inferior Ken, a Montanha, o repouso, a porta, e o signo superior Kan, a Água, o abismal e misterioso.

"Quando se possui algo grande e se é modesto, chegará seguramente o entusiasmo."

"O entusiasmo conduz à inércia."

"Os heróis introduziram portões duplos e guardas-noturnos com matracas, para a defesa contra os bandidos."

Isto seguramente foi extraído do signo Yü, que, além de significar *entusiasmo*, quer dizer *preparação*. Ao encontrar-se em cima o "movimento que soa" (o trovão), a situação sugere a instituição do guarda-noturno que deambula com sua matraca e afronta o perigo. Ken é uma porta fechada.

O trigrama Kan possui uma estrutura interna aquática. Como o entusiasmo emotivo, a água se acumula no alto da montanha – Ken – e, ao alcançar um determinado nível, rompe os diques que a contêm, consegue irromper e se precipita ao abismo.

116

No momento que a consciência se liberta do império oculto da inconsciência surge o perigo. Todo nascimento implica uma morte.

No *I Ching* está escrito: "O entusiasmo; é propício introduzir ajudantes e fazer marchar exércitos".

Logo, comenta: "Entusiasmo. O firme encontra correspondência e se cumpre sua vontade. Solicita entrega ao movimento; isto é Entusiasmo. Posto que o entusiasmo mostra entrega para o movimento, Céu e Terra se põem à disposição da pessoa. Quanto melhor será ainda introduzir então ajudantes e pôr exércitos em marcha!

"Céu e Terra se movem com entrega, por isso o Sol e a Lua não passam de sua órbita e não erram as quatro estações do ano.

"O predestinado se move com entrega e, então, as expiações e os castigos advêm justos e o povo acata. Grande em verdade é o sentido do tempo do Entusiasmo."

O signo procriador Kun significa *massa, exército*. O trigrama Dschen é o filho mais velho, condutor das massas, e daí a idéia da instauração de ajudantes e da marcha de exércitos.

Se o músico se move com entrega, seus sons advêm justos. Grande em verdade é o sentido do tempo, do ritmo do entusiasmo...

O ser dionisíaco

No entusiasmo encontramos o sentimento universal que pode arrastar o músico a profundidades cósmicas, a uma condição profética do frenesi sagrado. Kan é também o signo do sangue, do *dionisíaco*. São momentos em que o criador derruba as barreiras de sua personalidade e se dilui na coletividade, vivenciando holisticamente o que sempre foi um patrimônio universal.

Marie G. Woisen assinala que nas danças dionisíacas sempre se persegue a libertação extática do ser. Dioniso – Baco – era honrado com ritos orgiásticos que, como o sonho, oferecem uma sensação de independência e liberdade dos limites corporais. A música e a dança exerciam um papel crucial como expressão da possessão espontânea. O êxtase está aparentado com o sacrifício, onde se esvazia o receptáculo do corpo e se o torna apto para que o deus entre nele da mesma maneira como habita outras manifestações naturais, como pedras, rios ou árvores. A loucura sagrada de Dioniso se apoderava das mulheres que costumavam viajar pelos campos em estado de intoxicação e embriaguez. Como contraste, o significado espiritual de Apolo é idêntico ao do Sol e da luz da consciência. A ele também se sói representar cantando ao som de uma lira e dançando. Em Delfos, os cultos de Dioniso e Apolo chegaram a ser conciliados. Nessas ocasiões, o homem participa por um momento do modo de ser atribuído aos deuses.

Diz Norman Brown que Dioniso, o deus furioso, abate as fronteiras, liberta os prisioneiros, suprime a repressão e derroga o princípio da individualidade, substituindo-o pela unidade do homem e da natureza.

Quando o cósmico irrompe na personalidade de um indivíduo, esta se expande, mas o *I Ching* adverte do perigo de não descobrir o autêntico ponto "abissal" de onde emana o movimento central último.

Na entrega ao movimento, a música é uma arte que consegue reunir os homens num clima coletivo e submetê-los às leis da harmonia, porém também pode avivar a coragem e com o seu único incentivo desfilarão exércitos e se travarão batalhas. Conforme antes assinalava o *Livro*, Entusiasmo é movimento. Mas só conseguirão ser livres aqueles que conciliarem o Céu e a Terra, que vibrarem empaticamente com os demais numa total entrega ao movimento.

Trata-se de conceder a liberdade à instância que esconde a razão de ser do homem e através da música – ou de outro veículo expressivo – transmitir a outros essa liberdade, para que possam projetar-se nela. Desta forma, o Tao cobra forma visível (audível).

Segundo o *Livro das Mutações,* para que a música alcance sua expressão de persistência dos sentimentos, requer algo que se expressa no signo Tsui, a Reunião, a Acumulação, o Recolhimento.

Em cima Tui, o Sereno, o Lago.

Embaixo Kun, o Receptivo, a Terra.

Aqui temos a água sobre a terra; o lago é o ponto de reunião ou de acumulação das águas. Este signo apresenta em cima a alegria e embaixo a entrega na música, a entrega ao júbilo. A entrega ao que habita no homem, como prazer supremo, é também o sentido superior da música elevadora.

O músico de coração, que está situado no alto, requer serenidade – Tui – para realizar sua obra; o povo, embaixo, se mostrará entregue e ressoará receptivamente com esses sons harmoniosos.

O Grande Silêncio

O pensamento taoísta expõe essa realidade transcendente que nos leva a "sentir" em uníssono com outra pessoa.

"Ressoemos" nesta pequena história:

"Dois amigos estavam juntos e, enquanto um deles tocava a cítara, o outro exclamou:

– Ouço o rumor de uma torrente caudalosa que se precipita na montanha; vejo picos montanhosos nevados e uma grande ave sulcando o céu..."

Quem falava tinha a impressão de encontrar-se, nesse momento, no alto da montanha, transportado pelas notas que brotavam do instrumento.

Os artistas da música, pondo sua mente num estado de calma, detendo os movimentos internos de seu pensamento num completo silêncio psíquico, recebem a energia vital primordial *chi*, energia fundamental constituinte de tudo o que existe fisicamente, e apreendem o estado de vibração de cada coisa. Logo o comunicam aos outros homens, pondo em movimento seus corpos "sobre" os instrumentos.

Na música do Tao existe um princípio estético que perfila um caminho; a percepção de uma obra depende de uma percepção totalizadora: física, metafísica, psicológica e consciente. Num enfoque gestáltico, o Tao nos propõe uma dialética entre forma e vazio, entre som e silêncio, levado à sua máxima expressão.

O Grande Silêncio é o Grande Vazio.

O Grande Vazio é o espaço cheio de Tao.

Um uso adequado dos silêncios, dos espaços vazios, brinda à música a elevação ao reino das ressonâncias. Para o Tao, o vazio – silêncio – é tão real quanto a forma – as notas.

O Homem Superior e as virtudes do instrumento musical

Antigos ensaios estéticos taoístas nos ensinam as virtudes do instrumento musical, a apreciação de sua pureza e a atitude que devemos ter frente à música, como expressão da Arte Superior.

Quando se refere a Homens Superiores, o Tao nos assinala o homem simples, natural, o que Reich chamaria "de caráter genital", emocionalmente aberto, singelo, humilde. Isto está muito longe do conceito de Ser Supremo como ente alijado da realidade, inalcançável e "acima" de seus semelhantes.

O *Tao Te Ching*, de Lao-Tzu, nos diz:

"Sê humilde e te conservarás íntegro;
Flexível, e te manterás reto;
Vazio, e permanecerás cheio;
Consome-te, e serás renovado;
Ao que mais tiver, mais lhe será subtraído.
Por isto o Sábio considera ao Uno norma do Universo;
Não se exibe, logo sobressai;
não se celebra, logo é notado;
não se exalta, logo merece elogio;
não se vangloria, logo é insigne;
e porque não luta, ninguém no mundo
pode lutar com ele.
Sê humilde e te conservarás íntegro,
diz um antigo provérbio.
Podem estas palavras ser consideradas vãs?
Em verdade o humilde conservará sua integridade."

Hsi-K'ang (223-262 d.C.) realiza um ensaio poético taoísta sobre o alaúde. Ao seu juízo, nenhum outro instrumento exercia uma influência tão poderosa nos homens. Começa relatando a origem natural do alaúde: a madeira com que se constrói é de robustas árvores que crescem em elevadas montanhas, em harmonia com o

120

solo e a Terra, com o Sol e a Lua. Em paisagens recônditas, elevam-se majestosas entre a neblina "espiritual" que flutua nas montanhas e se mesclam com as nuvens; em paisagens nos cumes das montanhas, visitadas pela ave fênix, permanecem quietas em passiva majestosidade, enquanto a brisa suave as deflora.

Essas árvores, rodeadas de um cenário sulcado por torrentes que se precipitam espumantes, e pedras de jade e jaspe de extáticas cores, são naturalmente espirituais e belas: por esta razão são adequadas para inspirar um profundo amor à música.

É nesses locais que os sábios se reúnem, fugindo do ruído mundano. Ali vagam e meditam, ali seus corações se enaltecem de nobres emoções.

Desejando explorar seus mais fundos sentimentos, esses homens superiores escolheram a madeira dessas árvores para traçar o desenho do alaúde. Moldaram sua forma, decoraram-no com incrustações de marfim e chifre de rinoceronte, recamaram-no com belas pedras, puseram-lhe cordas de seda e chaves de jade.

Com ele criaram canções e harmonizaram melodias e canto em enriquecidas formas harmoniosas.

As notas do alaúde foram variadas e coloridas com plumas multicores de aves selvagens, produzidas por pulsações dançantes dos dedos dos sábios.

Como a estrutura de construção do alaúde é harmoniosa, sua sonoridade também o é. Sua influência pode purificar o coração e o espírito, e influir na harmonia do Céu e da Terra.

Essa música supera todas as artes.

Não se consegue interpretar música magistral com as mãos, mas com o coração. A música não é gerada pelas diversas notas, mas pelo Tao que flui naturalmente; não quando se tenta "expressar" a música com urgência, mas quando se aquieta o espírito, que se funde com ela.

Existe uma série de regras para o uso do alaúde, que expõe a disposição nobre que deve ter um músico que aspire a interpretar a essência do Tao.

Primeiramente, assinala Wu-ch'en (1249-1331), quando alguém toca o alaúde deve comportar-se como se se achasse na presença de um superior, independente de que alguém esteja presente ou não. O espírito claro, a mente calma, o olhar tranqüilo e o pensamento sereno. Então, o tato dos dedos será correto e fluido e as cordas amplificarão o sentimento com simplicidade e serenidade, sem efeitos rebuscados que confundem as melodias.

O alaúde deve ser tocado ao se encontrar com alguém que entenda ("compreenda") a música; ao se conhecer uma pessoa que mereça essa oferenda; para um taoísta em retiro; num salão espaçoso; depois de se ter subido a um alto pavilhão; num claustro taoísta, sentado sobre uma pedra; após ter subido uma montanha, descansando num vale; no barco; caminhando junto a um riacho; descansando num bosque à sombra; quando as duas essências da natureza são brilhantes e claras; quando há lua cheia e brisa fresca.

Não se deve tocar o alaúde quando há vento, trovões e tempo de chuva, quando há eclipses solares ou lunares; num tribunal; numa loja ou num mercado; para uma pessoa vulgar; para um bárbaro; para uma cortesã; para um mercador; depois de uma bebedeira; depois de fazer amor; com roupas desasseadas ou muito desalinhadas; congestionado ou suado; sem haver lavado corretamente as mãos e os dentes; em locais ruidosos.

Com o alaúde ou com qualquer intrumento que nos acompanhe, o ato musical deve se transformar num ato de amor.

Tao é ciência: caminhos paralelos

Faz vários anos que pratico Tai Chi Chuan. Reconheço que ao ler pela primeira vez *O Tao da Física,* * de Fritjof Capra, agradou-me muito uma foto desse incrível cientista fazendo Tai Chi. Ao navegar seus escritos, minha corda entrou em ressonância com as explorações dos paralelos entre os modernos conceitos de física moderna e as idéias primordiais do misticismo oriental.

A música é uma configuração de átomos que dançam e com seus movimentos produzem sons flutuantes.

A ciência – como disse Lucrécio – eleva a voz que aquieta o pulso do medo, e vibra na consciência.

O Tao é arte.
O Tao é ciência.

* Editado pela Cultrix, São Paulo.

122

O grande Tao flui por toda parte.
O Tao produz o Uno.
Todas as coisas vão da sombra para a luz
E são harmonizadas pelo sopro divino.

"Encontrava-me à beira do oceano, já entrada a tarde, contemplando o marulho e sentindo o ritmo de minha respiração, quando de repente tomei consciência de que tudo o que me rodeava participava duma gigantesca dança cósmica. Sendo um físico, eu sabia que a areia, as rochas, a água e o ar ao meu redor eram feitos de moléculas e átomos vibrantes, e que estes por sua vez se compunham de partículas que interagiam reciprocamente através da criação e destruição de outras partículas. Sabia também que a atmosfera terrestre era continuamente bombardeada por chuvas de raios cósmicos, partículas de alta energia submetidas a colisões múltiplas ao penetrarem no ar. Tudo isso me era familiar graças às minhas pesquisas em física de alta energia, porém até esse momento só o havia experimentado através de gráficos, diagramas e teorias matemáticas. Aí, sentado naquela praia, minhas experiências prévias ganharam vida; *vi* cascatas de alta energia caindo do espaço exterior, nas quais se criavam e se destruíam partículas em pulsações rítmicas; *vi* os átomos dos elementos e os do meu corpo participando dessa dança cósmica de energia; senti seu ritmo e *ouvi* seu som, e nesse instante eu soube que essa era a Dança de Shiva, o Senhor dos bailarinos, adorado pelos hindus.

"Como Dançante Cósmico, Shiva é o deus da criação e da destruição que mantém, por meio de sua dança, o ritmo infinito do universo... Shakti, a Mãe Divina, é a deusa arquetípica que representa em suas muitas formas a energia feminina do universo.

"Na física moderna, o universo é experimentado como um todo dinâmico e inseparável que sempre inclui o observador de uma maneira essencial. Dentro dessa experiência, os conceitos tradicionais de espaço e tempo, dos objetos isolados e de sua causa e efeito, perdem seu significado. Tal experiência é muito similar à dos místicos orientais. A semelhança se torna evidente nas teorias quânticas e da relatividade, sendo mais patente nos moldes quântico-relativistas da física subatômica, na qual ambas as teorias se combinam para produzir os mais fabulosos paralelos com o misticismo oriental.

"Das duas principais tendências filosóficas chinesas, o confucionismo e o taoísmo, este último é o que tem uma orientação mística e é mais pertinente à nossa comparação com a física moderna... O raciocínio lógico era considerado pelos taoístas como parte do mundo artificial do homem, junto com a etiqueta social e os códigos morais... Desenvolveram uma atitude essencialmente científica e só sua desconfiança do método analítico os impediu de elaborar as correspondentes teorias científicas. Apesar disso, a observação minuciosa da natureza, combinada com uma forte intuição mística, levou os sábios taoístas a visões profundas que se vêem confirmadas pelas teorias científicas modernas...

"A característica mais importante da visão oriental do mundo é a consciência da unidade e da inter-relação mútua de todas as coisas e acontecimentos, a experimentação de todos os fenômenos do mundo como manifestações de uma unidade básica...

"Essa unidade básica do universo é, igualmente, uma das mais importantes revelações da física moderna... A física moderna não contempla a matéria como algo passivo e inerte, senão como algo que se encontra num movimento de dança contínua e vibrante, cujos padrões rítmicos são determinados pelas estruturas moleculares, atômicas e nucleares. Esta é também a forma em que os místicos orientais vêem o mundo material...

"As esculturas de bronze de Shiva Nataraja dos séculos XI e XII mostram uma figura dançante de quatro braços, cujos gestos, soberbamente equilibrados e não obstante dinâmicos, expressam o ritmo e a unidade da vida... A mão superior direita segura um tambor, que simboliza o som inicial da criação; o braço superior esquerdo porta uma língua de fogo, que simboliza o elemento da destruição. O equilíbrio das duas mãos representa o equilíbrio dinâmico de criação e destruição no mundo, que se acentua ainda mais pelo rosto que expressa calma e desapego, situado no centro mesmo das duas mãos, na qual se dissolve e transcende a polaridade criação-destruição. A segunda mão direita está levantada num gesto de *não temas,* que simboliza sustento, proteção e paz, enquanto que a mão esquerda restante assinala para o pé levantado, que simboliza a libertação do feitiço de *maya.* O deus aparece dançando sobre o corpo de um demônio, símbolo da ignorância humana, que deve ser superada antes de alcançar a libertação...

"A física moderna tem demonstrado que o ritmo da criação e da destruição não só se patentiza na mudança de estações e no nascimento e morte de todas as criaturas, mas que é também a essência mesma da matéria inorgânica. Segundo a teoria de campo quântica, todas as interações entre os componentes da matéria ocorrem entre a emissão e a absorção de partículas virtuais. Mais ainda, a dança da criação e destruição é a base da existência mesma da matéria, já que todas as partículas materiais 'interagem consigo mesmas' ao emitirem e reabsorverem partículas virtuais. A física moderna tem revelado que toda partícula subatômica não só realiza uma dança de energia, mas que também é uma dança de energia, um processo palpitante de criação e destruição.

"Cada partícula desenvolve um padrão diferente em sua dança, com necessidades individuais quanto à quantidade de energia e, assim, cada uma tem uma massa diferente. Finalmente, as partículas virtuais não só constituem uma parte essencial de toda interação de partículas e da maior parte de suas propriedades, como são também criadas e destruídas pelo vácuo. Portanto, não só matéria, mas também vácuo, participam da dança cósmica, criando e destruindo padrões de energia, incessantemente.

"Para os físicos modernos, a dança de Shiva é a dança da matéria subatômica. Igual ao que ocorre na mitologia hindu, trata-se de uma contínua dança de criação e destruição que, assim, intercala o cosmos em sua totalidade: a base de toda a existência e de todo fenômeno natural...

Assim, a metáfora da dança cósmica unifica a mitologia antiga, a arte religiosa e a física moderna."*

O Tao é a mudança, as muitas mudanças que acontecem quando a vida desenvolve sua criação-destruição.

O Tao pode se manifestar no sorriso de uma criança, no florescer de um crisântemo, no vôo de uma ave que sulca os ares ou nas vozes que se elevam em prece entoando um *negro espiritual.*

O Tao é hoje, foi e será amanhã. É algo vivo.

O Tao está em todos nós, quando começamos a participar ativamente na composição da "música" de nossas vidas.

O Tao da Música é o Tao do amor...

* Fritjof Capra, *O Tao da Física,* ed. Cultrix.

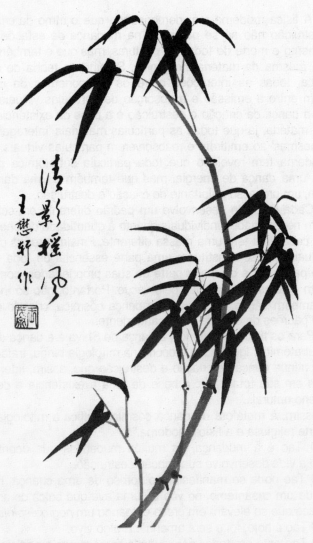

As folhas do bambu são finas e suaves, mas nunca se abatem, vencem ou caem. Chuvas, neves, ventos; resistem suavemente. O brando e o frágil triunfam sobre o forte. Essa é a lei do Tao, como mostram as águas brandas que sempre acabam vencendo as duras pedras.

6

A Alquimia Emocional

"O propósito das palavras
é transmitir idéias.
Quando as idéias foram compreendidas,
as palavras se esquecem.
Onde posso encontrar um homem
que tenha esquecido as palavras?
Com esse gostaria de falar."

Chuang-Tzu

Expressão musical

A música, como expressão viva, funciona mais além das idéias e dos conceitos verbais.

A linguagem verbal é uma forma biológica de expressão num nível de desenvolvimento elevado. O homem se expressa com sons – faz música – bem antes de possuir uma linguagem estruturada racionalmente.

Fala-se continuamente em *expressão* musical, mas eu gostaria de esclarecer esse conceito à luz do caminho traçado por Wilhelm Reich.

A energia orgônica* cósmica funciona no organismo vivo como energia biológica específica. Rege a totalidade do organismo e se

---

* *Orgon:* Energia radiante descoberta em 1939, presente na terra, na atmosfera, na radiação solar e nos organismos vivos. "O Universo, em sua totalidade, está imerso num oceano de energia de *orgon* cósmico."

127

expressa, seja nas emoções, seja nos movimentos orgânicos puramente biofísicos.

Emoção e remoção

Literalmente, *emoção* significa "mover-se para fora" ou "sobressair".

Emoção – *ex movere, mover-se de* – é uma moção que expressa ao próprio ser, o funcionamento vital de um organismo. Basicamente, a emoção é um movimento protoplasmático expressivo, o movimento pelo qual a matéria viva se ex-pressa.

Os estímulos sonoros prazerosos provocam uma *emoção* do protoplasma, do centro para a periferia. Ao inverso, os sons desagradáveis ou desprazerosos provocam uma *remoção,* da periferia para o centro do organismo. Estas duas correntes direcionais básicas da biofísica correspondem aos dois afetos básicos do nosso aparelho psíquico, prazer e angústia. O movimento físico e sua correspondente sensação são funcionalmente idênticos e indivisíveis.

Ao liberar as emoções através da música, geramos movimentos e excitações plasmáticas.

A mobilização das correntes plasmáticas e das emoções é idêntica à mobilização da energia orgânica.

Com a espontaneidade criadora do ato musical, ao dissolver alguns mecanismos defensivos habituais, agimos sobre a energia orgônica do organismo.

Reich defende um conceito *unitário* do organismo. O ser vivo se ex-pressa em movimentos. A música é movimento, com um caráter expressivo totalizador. Ao dizer que se *ex-pressa,* eu quero dizer que faz uma pressão para ir para fora.

Com a música, desenvolvemos uma pressão interna – *premere* – num movimento de exteriorização – *ex.*

A emoção é algo mais que uma função específica do protoplasma vivo, é *criadora de vida.*

Música...
Criação e vida.

A música como expressão do ser humano deve ser entendida como uma ex-pressão emocional, que não pode ser traduzida em palavras. É impossível expressar em palavras a emoção vivida com uma obra musical. Comove-nos.

Ela nos com-move.

Ela nos move.

A expressão musical, partindo de uma interpretação científico-natural, provém das profundezas da substância viva, em sua busca de identidade universal.

Mais além dos confins das palavras, isso só pode ser definido como *espiritualidade*. A música confirma o fato de que o ser vivo possui sua própria linguagem expressiva mais além de toda linguagem verbal e independente (que funciona amiúde como uma defesa estratificada).

A linguagem verbal obscurece a linguagem expressiva do ser biológico, e há casos em que chega a tal ponto em que as palavras não expressam coisa alguma, sendo só atividade "muscular" carente de significado.

"Inumeráveis discursos, publicações e debates políticos não têm como função pôr em relevo questões vitais, mas afogá-las na verborragia" (Reich).

A função da pulsação vital

Na música, a linguagem expressiva primária do protoplasma vivo está presente em forma "pura".

Internar-se nos sons é sentir e compreender a expressão emocional em nós mesmos.

Ao recuperar a mobilidade protoplasmática – fazendo ou ouvindo música – iniciamos o caminho de recuperação da *função da pulsação vital*.

Reafirmo. O ritmo da pulsação energética se expressa através de uma dupla corrente plasmática, de um duplo movimento:

a) Um movimento em direção ao mundo exterior, uma saída, "êxodo", movimento vital primário ou emoção propriamente dita; movimento de *expansão* e abertura, associado tanto em seu desencadeamento como em seus efeitos a excitações agradáveis.

b) O movimento de retorno ao próprio corpo, movimento de *contração,* de fechamento, da periferia ao centro, uma remoção tensiva.

Existe uma identidade funcional entre emoção e energia. Todos os tecidos são portadores de uma carga energética; possuímos um *corpo emocional.* Nosso plasma emocional original é habitualmente bombardeado por todo tipo de processos e mensagens dissociadoras, que condicionam, desnaturalizam e exploram sua matéria-prima original: a emoção.

Não é casual que, na música hindu, a forma musical mais difundida e desenvolvida seja a *raga,* cuja tradução literal é "tingir de emoção".

Muitas vezes, o âmbito da música é o *lugar de reencontro* com a emotividade perdida.

Expansão-contração.

O ritmo da energia cósmica.

É *na* emoção e *com* a emoção que a cultura inscreve suas próprias figuras; emoção que agoniza em deformações "superemocionantes" ou quadros congelados e sentimentalóides.

Num canto da vida, as emoções primárias se encontram habitualmente "retratadas" na verdadeira música de todos os povos. A ira, o prazer, a nostalgia, a angústia e a tristeza, são as "emoções fundamentais da matéria vivente".

Existe também uma música superficial, que reflete os *gestos estereotipados* e conformistas da vida e das emoções secundárias do ser humano: as tendências destrutivas, o ressentimento, o ciúme, a inveja, a rigidez, o ódio, a raiva. Essa música muitas vezes atenta contra o que Reich chama "a alegria de viver", com a espontaneidade, a sexualidade plena, a flexibilidade, o amor e o conhecimento.

A estrutura emocional do homem atual, que perpetua, quase sem variáveis, uma cultura patriarcal e autoritária de há cinco mil anos atrás, se caracteriza por um "encouraçamento contra a natureza dentro de si mesmo e contra a miséria social que o rodeia". "Esse encouraçamento do caráter é a base da solidão, do desamparo, do insaciável desejo de autoridade, do medo à responsabilidade, da angústia mística, da miséria sexual, da rebelião impotente, assim como de uma resignação artificial e patológica." "Os seres humanos têm adotado uma atitude hostil ao que está vivo dentro de si mesmos, do qual têm-se alijado." (W. Reich)

É *na* emoção e *com* a emoção que a música nos devolve o autêntico movimento expressivo, num lento processo de *alquimia* que transforma nossa essência mais profunda em harmoniosa melodia celestial.

O bambu simboliza a longa vida natural, o imutável e imperecedouro. Sua cor é verde em todas as estações do ano; seu espírito "sempre jovem" o mantém íntegro e fiel a si mesmo, mais além das mudanças exteriores.

O Som
da Consciência

Energia em vibração

Quando um corpo em vibração emite som, existe energia posta em movimento. Emite energia.

Som é uma forma de energia em vibração ou pulsação.

Isaac Newton designou o fenômeno característico do som como *pulsus* ou pulso. O termo *pulsus* derivou em pulsação. "Os sons não são outra coisa que pulsações do ar."

Onda, pulsação, vibração, matéria sonora, e ultimamente *consciência* sonora, são diferentes nomes utilizados para designar fenômenos semelhantes.

Se uma corda (de violão ou violino) se afasta de sua posição de equilíbrio e depois se solta, entra em vibração. Produziu-se um som. Os sons produzidos pela voz são devidos às vibrações das cordas vocais. Se batermos num vidro ou num sino de vidro, também se produzem e percebem vibrações e sons.

Atualmente, tomamos a energia como um princípio, sem possuir definições de sua essência primordial. A gente "fala" da energia, sem conhecer seu verdadeiro significado. A energia é um dos princípios fundamentais do Universo.

Há energia em todos os processos vitais, em nossos movimentos, sentimentos, ações e pensamentos. A eletricidade, o vento que sopra, o rio que corre, as chuvas torrenciais, tudo é energia; porém suas formas de se manifestar são variadas e distintas.

As estruturas internas de toda espécie de objetos e substâncias não são outra coisa que combinações de diferentes espécies de movimentos ou energias.

Harmonização e expansão da consciência

Quando a nossa totalidade se encontra basicamente "harmonizada", as energias de uma expressão artística musical provocam respostas ou ressonâncias em nossa singular conformação.

Tanto o organismo humano como a música são configurações energéticas com certo grau de estruturação, que podem inter-relacionar-se mutuamente. O caudal energético contido numa obra musical age como um acorde dinâmico, produto do ser humano que o elaborou em consonância com seus próprios valores.

A música encerra os mistérios nunca revelados da estrutura energética cósmica, através do reflexo da dinâmica biopsicoenergética do compositor-criador.

No processo de *audição* de uma boa interpretação – que respeite as pautas singulares de criação da obra – além do fenômeno estético ou sensorial acústico, se desata um contraponto energético de alta mobilização, num fenômeno de *expansão da consciência*.

De um ponto de vista estrutural, o organismo é um conjunto de partes ou elementos ressonantes. Cada órgão possui – em relação à sua morfologia e histologia – uma condição de vibração ou de máxima ressonância em determinada freqüência (altura) transformando-se em possíveis acordes ou complexos sonoros.

A partir da análise das partes de um organismo, pode-se inferir a tônica ou nota fundamental, explicando o porquê do uso de certas notas, ou escalas determinadas, em culturas que associavam poderosamente o som e seus efeitos com o ser humano e a natureza circundante.

À maneira de simples ressonância eletromagnética, as diversas notas da escala musical do sistema pitagórico ativam determinadas zonas do organismo. Sem existir unanimidade neste aspecto, creio que a nota *dó* se relaciona com a glândula pineal, *ré* com a glândula hipófise; *mi* com o plexo cardíaco; *fá* e *sol* com o plexo solar, *lá* com o plexo hepático e *si* com o plexo sacro.

Nas cerimônias dos povos muito primitivos, utilizavam-se as séries pentatônicas – de cinco sons – e as ordens monofonal, bifonal, trifonal e tetrafonal para *harmonizar* ressonantemente o músico e o ouvinte.

Na Grécia, a escala dórica – que começa com *mi*, plexo cardíaco – era utilizada para educar a parte emocional do ser humano. A série frígia – que começa em *ré*, glândula hipófise – era utilizada para educar e desenvolver a parte mental, fundamentalmente o poder do pensamento. A escala lídia – que começa em *dó*, glândula pineal, nível coronário – era utilizada para desenvolver a intuição superior.

De forma semelhante se utilizava a música na China, onde Confúcio considerava a música uma parte integral de seu sistema, um meio para prover a necessária disciplina e correção moral, baseando as linhas melódicas em fórmulas matemáticas, e não em meras improvisações.

Em nossas ciências exatas, *energia* é toda causa capaz de se transformar em trabalho, mas na concepção cosmogônica chinesa a Energia Cósmica Primária é *origem de todo o existente*, e se apresenta sob dois aspectos antitéticos – o Yin e o Yang – que agem reciprocamente.

Para o povo chinês, *a música que se desenvolve e perdura com êxito se acha em perfeita harmonia com as leis da natureza, com o Tao*, com a oposição complementar, não-dualista e em equilíbrio Yin e Yang.

A energia (*Chi* ou *Ki*) intrínseca é o sopro, o ar, a vida, a força, o sopro vital.

No *So Quenn Nei Ching* faz-se menção à energia do céu (*lang*), da terra (*Inn*), a energia nutritiva pura (*long*) e a energia impura (*Oé*).

A energia *iong* circula pelos *meridianos*, vetores ou condutos reais da Energia e a energia *oê* circula pela carne.

Os chineses admitem três fontes básicas de energia que governam o homem. A energia ancestral contida nos gametas que originaram o ovo fecundado. A alimentação, energia concentrada nos alimentos que provêm do Sol. A respiração, que, semelhante ao *prana* dos hindus, possui no ar um conteúdo energético.

Para a filosofia do *Vedanta*, assim como para a do *Samkhya*, o *prana* representa a energia vital; a única realidade existente é a *Energia Única*, essa realidade concreta sobre a qual se assenta o sistema cósmico e humano: a Consciência Pura. Essa Consciência Pura circula por canais – *nadis* – que, em seu percurso, apresentam núcleos ou concentrações chamadas *chacras*.

A música é Consciência

A inspiração musical se manifesta num nível superior da estrutura humana, denominado *Consciência-Energia*, integrante e subordinador do nível psicológico e fisiológico.

A consciência se transforma em elemento de universalização do conhecimento, do sentimento e da força, sendo a dimensão central que serve de base e de contexto a toda experiência.

O som é matéria em forma de energia.

A *música é Consciência* como forma de energia.

A personalidade humana é uma manifestação ou expressão em múltiplos níveis de uma só consciência. Ken Wilber propõe cinco níveis ou regiões de consciência, em estreita relação com a *filosofia perene* de A. Huxley, uma doutrina universal referente à natureza do homem e da realidade, que se oculta no próprio coração de toda importante tradição mística. Esses níveis não são entidades separadas, mas se interpenetram e se relacionam infinitamente entre si:

a) *Região da Mente:* é a consciência que se identifica à realidade absoluta e fundamental do universo: o homem *é* o todo. É o único estado real da consciência, já que todos os restantes são ilusórios. É a chamada consciência cósmica, de suprema identidade.

b) *Região Transpessoal:* é a zona supra-individual e dos arquétipos, onde o homem não é consciente de sua identidade cósmica, mas, apesar disso, sua identidade não está encerrada nos limites de seu organismo individual.

c) *Região Existencial:* é o nível em que começam a se desenvolver os processos racionais e a vontade pessoal. O homem se identifica com a totalidade de seu organismo psicofísico tal como se apresenta no tempo e no espaço.

d) *Região do Ego:* o homem se identifica com uma representação mental de seu organismo total, com a imagem de si mesmo. Numa profunda incisão psicossomática, o homem se identifica totalmente com a psique, o ego, predominando os processos simbólicos e intelectuais.

e) *Região da Sombra:* o homem se identifica com sua *pessoa*, com uma imagem de si mesmo empobrecida e inexata, deixando fora os conteúdos negativos, dolorosos, indesejáveis ou "maus" (a sombra).

Assim como Wilber sugere cinco níveis de consciência, o leitor pode relacionar esse quadro com níveis semelhantes do espectro musical; as grandes composições ou interpretações se encontrariam "pulsadas" na região da consciência cósmica, sendo portanto atemporais, inespaciais e infinitas.

A atenção musical não se pode dar num nível *seletivo* de nosso ego, que só apreende um setor da realidade. Diferente da concentração, a atenção *total* na música, sem esforço, deve estar livre de todo condicionamento, juízo ou opinião, situando-se fora da dualidade psicossomática.

Aproximamo-nos de um ato de *consciência pura* dotado de eficácia constante.

O *Shakta-Vedanta* diz:

A Energia é o Real.
O Universo é Energia.
A Energia é a Consciência.

Nas empresas humanas transcendentes, não basta a energia dispersa do psiquismo. Faz-se necessário um estado de "pura lucidez" (Krishnamurti) que põe em jogo a totalidade da energia da consciência.

Atualmente, com a física dos *quanta* e a mecânica ondulatória, se descobre uma identidade de natureza entre conteúdo e continente, entre observador e coisa observada. Segundo a microfísica, nossa consciência altera a função ondulatória ao modificar nossa apreciação das possibilidades de um sistema. Existem dois modos básicos de conhecer: um conhecimento simbólico, por mapas, dualista e inferencial, e outro conhecimento direto, não-dual e "íntimo" (sujeito e objeto intimamente unidos). Os diferentes modos de conhecer correspondem a diferentes níveis de consciência e, como nossa identidade pessoal também se relaciona com os níveis de consciência a partir de onde agimos, uma transformação no modo de conhecer provoca uma transformação em nosso sentimento de identidade básico. Um conhecimento não-dual revela o universo tal qual é – a realidade absoluta – onde o sujeito é parte do real. Portanto, o conhecimento "íntimo" é a Realidade, assim como o Real é um nível de consciência. K. Wilber disse que "a Realidade é o que se revela a partir do nível de consciência não-dual... A Realidade é um nível de consciência, e só esse nível é o Real".

Nossos mecanismos mentais energéticos são os verdadeiros *criadores* desse Universo aparente, que devemos explorar como se tratasse de uma realidade exterior. A realidade que percebemos reflete nosso próprio estado de consciência, e não podemos explorar a realidade sem fazer ao mesmo tempo uma exploração de nós mesmos, já que nós *somos e criamos* a realidade que exploramos.

O homem e sua música estão unidos numa mesma *substância-energia*, que não é outra coisa senão a Consciência primordial.

138

A música nos põe em contato com uma verdadeira espiritualidade *noética* (do grego *nous*, nível superior da tríade espírito-psique-corpo), que nos comove por inteiro.

música é realidade
realidade é energia
energia é consciência
consciência é música

Os nós da cana do bambu representam o controle sobre si mesmo, um ponto de reflexão acerca do caminho vital. No ciclo alternante dos contrastes do Universo, a atividade é expressa no repouso, a expansão da energia vital, na contração. Um aspecto Yin, um aspecto Yang, isso é Tao. Refletir sobre a distância percorrida é também um modelo de flexibilidade.

8

Música em Movimento

Recursos

O som – musical ou não – é uma ferramenta fundamental para quem trabalha o movimento corporal, com diferentes objetivos como foco de tarefa. Produzido o estímulo sonoro, gera-se uma reação no receptor. Conhecendo o material sonoro que se vai utilizar, se possuirá de antemão uma gama de probabilidades de reação ante uma certa mensagem.

Sempre me fascinou (do latim *fascinum*: estremecimento pelo canto) a enorme gama de recursos sonoros disponíveis que nos permite acompanhar, harmonizar, modificar, desencadear, facilitar, impulsionar ou amplificar um determinado movimento. Porém, diante do meu assombro, acho muito pouco flexível e pouco criativo o uso da música na maioria dos estúdios e oficinas de movimento que conheço. Salvo raras exceções, existe um estereótipo geral na concepção básica do sistema som-movimento. Confunde-se ritmo musical com o caráter da obra, esperam-se reações corporais instantâneas sem dar tempo a que surja o verdadeiro movimento das raízes da emoção, observa-se o plano manifesto da música e não seus conteúdos ou mensagens latentes, tenta-se definir o significado da mensagem codificada e não o significado do código escolhido, usa-se música de *tempo* rápido "para que se movam" e música lenta "para que se relaxem", etc.

Duvidemos antes de programar

Não há receitas mágicas. Não é casual que na maioria dos casos os sons graves sejam de efeitos mais tranqüilizadores e dis-

141

tensivos que os de alta freqüência ou agudos, que produzem tensão ou contração; tampouco é casual que os sons muito imprevisíveis provoquem um choque de surpresa no ouvinte, ou que um som decrescente de forma paulatina possua uma função resolutiva ou conclusiva do movimento, ou ainda que certas notas musicais sejam associadas à gama cromática de cores segundo sua freqüência. Porém, a resposta a um estímulo musical é numa alta porcentagem subjetiva, devendo cada um encontrar seus sons e músicas ressonantes. A maioria de nós crescemos num ambiente cuja "música de fundo" era ocidental e um pouco "marcial", comparada com a ondulante, sutil e microtonal música oriental. Animemo-nos livremente a explorar terrenos desconhecidos e submerjamo-nos nos oceanos sonoros universais e cósmicos de nosso ser, em busca de diferentes modos de uso do material sonoro que já possuímos (discos, fitas, a própria voz, etc.).

Duvidemos antes de programar ou escolher uma música. Este é o primeiro e enorme grande passo.

"Quando se ouve o som da música
ou a brisa da primavera toca jardins e vales,
os ramos começam a dançar como noviças,
as folhas batem palmas como jograis."

Uma mesma entidade

A música e a dança são consideradas, tanto pelos poetas e profetas de antigamente como pelos cientistas e físicos modernos, uma manifestação da energia dinâmica universal. Os mitos do homem falam da criação do mundo como uma dança de Deus. Shiva Nataraja, Senhor da Dança, envia palpitantes ondas de som através da matéria, sacudindo-a do letargo para a vida. A música e o movimento, como expressões orgânicas do ser humano, se encontram tão enraizados e entrelaçados que é difícil situar o limite entre ambos, se é que existe. Todas as coisas são agregados de átomos que dançam e, por meio de seus movimentos, produzem sons. Quando muda o ritmo da dança, muda o som que esta produz; e, ao inverso: a pulsação sonora afeta por si só os processos de movimento que a

142

circundam. Cada átomo eleva perpetuamente seu próprio canto e a cada momento cria formas densas e sutis.

O som é movimento em forma de energia. O movimento gera um padrão sonoro e cada som gera um padrão de movimento. São indivisíveis, interdependentes e inseparáveis.

Mitologias

As mitologias de quase todos os povos do mundo possuem figuras de deuses e semideuses aos quais se atribui milagrosa habilidade musical, e sempre a proposta sonora vai acompanhada de uma resposta ou de um padrão em movimento. Dentro das lendas gregas, Tirteu conduz um exército à ação ao som de uma flauta (não com um ritmo uniforme e frenético, "militar"); Terpandro volta a submeter um povo rebelde com o suave som de um instrumento semelhante; Anfíon constrói e levanta os muros de Tebas tocando a lira; quando os piratas jogaram Aríon ao mar, este foi resgatado pelos golfinhos, seduzidos pelos sons de sua lira; dizia-se que Orfeu submetia os animais selvagens, detinha o curso das ondas e fazia as árvores e as rochas dançarem. Na mitologia hindu, os cantores influem no crescimento das plantas, mudam o curso das estações, fazem chover e detêm o Sol. O corno de Huon de Bordeaux fazia dançar a quem o escutasse. A Bíblia narra que os muros de Jericó caíram quando os sacerdotes sopraram suas trombetas; Salomão foi impulsionado à loucura pelo canto de suas mulheres.

Vinte anos atrás, quatro jovens de Liverpool, liderados por outro herói legendário (John Lennon), sintonizaram toda uma geração numa determinada freqüência emocional e marcaram o pulso de milhões de jovens em todo o mundo, mas foi a música *beat* a que gerou o movimento ou foi um movimento que gerou seus porta-vozes musicais? A natureza não guarda um equilíbrio estático, mas dinâmico, e o universo tem que ser apreendido conforme se move, vibra, soa e dança; desde tempos imemoriais, som e movimento se recriam mutuamente.

A pulsação e o som afetam por si sós os processos voluntários e involuntários do corpo humano. Experimentos a níveis psicofisiológicos têm demonstrado que os cantos "alegres", excitantes e vivazes, não são os únicos que possuem influência estimuladora sobre o organismo. Músicas de características dessemelhantes – lentas, graves, "tranqüilas" – produzem mudanças fisiológicas semelhantes. (Esclareço que, a meu ver, não existem músicas "tranqüilas" ou "intranqüilas", "alegres" ou "tristes", e por essa razão estas palavras estão entre aspas. Tais fatores são associações subjetivas do ouvinte e variam segundo suas experiências do passado.) Em certas formas musicais, a qualidade fundamental se situa mais no som que em suas relações estruturais ou simbolismos conotativos. Uma seqüência rítmica pode induzir à atividade motriz, como pode produzir por monotonia uma sensação hipnótica miorrelaxante e hiperestimulante no plano emocional, já que, ao não proporcionar informação nova, o reiterado padrão rítmico favorece a eclosão e projeção na matriz sonora de imagens profundas não-conscientes.

Movimentos ex-pressivos

Em nosso trabalho profissional, muitas vezes cremos que a música é o que determinou uma qualidade de movimento, e na realidade houve alguma ordem – explícita ou implícita – que decidiu, em maior grau, a resposta. Se é necessário que um grupo de pessoas se desloque, "descarregue" (como se diz na gíria corporal), e tenho que escolher um som acompanhante ou gerador de movimento, não devo apelar unicamente à estereotipada batucada ou a músicas de *tempo* rápido, ou marcado e apoiado. Se focalizo a atenção do grupo no ar que se desloca ao tocar um sax ou uma trombeta, um "solo" muito lento deste instrumento pode gerar um torvelinho de deslocamentos. O ar exalado por um saxofonista bamboleia e sacode por inteiro uma pessoa medianamente aberta aos estímulos (os quais, bem vale a pena esclarecer, nunca são externos ou internos em sua totalidade, mas simplesmente são, pois não há um corte claro entre o objetivo e as conotações e associações que desperta em quem o escuta).

Considero óbvio não confundir movimento com gestos ou deslocamento corporal visível. A emoção é um movimento energético muito profundo e não tem por que se expressar necessariamen-

144

te numa pose determinada ou num braço agitado. O caudal de movimento de nosso sangue varia segundo o som que ouvimos e nem por isso sempre é visível exteriormente. Quando a música nos comove realmente, nossos movimentos não são vazios e carentes de sentido: são tingidos e sustentados por nosso mundo emocional mais profundo e, estando além das meras apreciações estéticas, esses movimentos são *ex-pressivos* – empurrados ou *pressionados* desde o mais íntimo do nosso interior numa força de *exteriorização* – veículos de uma comunicação verdadeira e não "forçada para que pareça autêntica".

A música provoca certas mudanças biológicas. Ocasiona uma alteração no pulso, na respiração e na pressão externa do sangue; retarda a fadiga muscular e aumenta o metabolismo, amplia nosso umbral de sensibilidade e nos facilita o acesso a outras formas de estímulo e percepção.

As conexões nervosas entre o ouvido e os centros superiores do sistema nervoso ocupam no cérebro humano uma parte maior que a de qualquer outro sentido. Para Selden, o ouvido é o órgão receptor mais importante associado com a orientação geral do corpo. Está diretamente conectado com o sentido do equilíbrio e da direção, do qual depende o controle dos movimentos. A tonalidade musical está muito vinculada com o sentido que o homem tem da ação e do controle corporal.

Sugestões para a escolha de músicas

Por tudo o que foi dito acima, ao se escolher uma música para incluir numa sessão de movimento – seja com fins pedagógicos, terapêuticos, técnicos e/ou recreativos – é útil ter-se em conta estas sugestões:

- Suprimir todo preconceito ou prejulgamento com respeito à classificação musical. As músicas "são e soam" em relação com o contexto que as totaliza.

- Focalizar a atenção sonora nos distintos instrumentos musicais que conformam a matéria sonora identificando texturas, rugosidades e qualidades de cada um (por exemplo, uma primeira audição pode estar focalizada na voz, uma segunda na linha do contrabaixo, uma terceira no piano ou outro instrumento).

● Quando se utiliza música com texto literário, aprofundar nas letras (ainda que esteja em outro idioma).

● Criar *collages* sonoras com fragmentos de músicas, compondo um tema "novo" mais adequado aos nossos objetivos (por exemplo, gravar uma fita-cassete com fragmentos de discos).

● Procurar descobrir passagens de diferentes matizes ou "cores", mudanças de instrumentos, alternâncias e recorrências de motivos ou frases, interrupções e modificações rítmicas, oposições, intervenções de solistas, timbres, registros.

● Perceber a forma ou a dinâmica básica da peça musical e seu clima ou atmosfera particular (junto aos diferentes submicroclimas ou variações dentro daquele). Cada clima é tingido ou colorido de uma emoção particular e original. Eis aqui algumas "formas" da matéria sonora em diferentes peças musicais.

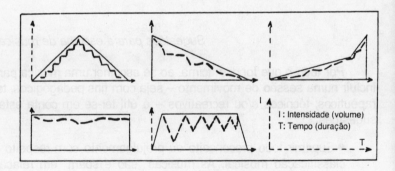

I: Intensidade (volume)
T: Tempo (duração)

- Ouvir a música em diferentes intensidades e comprovar seus diversos efeitos, já que alguns sons desaparecem ou ressaltam com as variações do volume.*

Processo espontâneo

Os alcances da música são ilimitados e poderosíssimos, já que os ruídos e sons se adentram num mundo carregado de significados ancestrais e qualquer um deles pode ativar o essencial de nossa personalidade, e até os ressaibos de nosso ser primitivo e primordial. Sons e movimentos são vibrações que se engendram mutuamente e não estão separados uns dos outros. Acontecem por si mesmos e os fazem de modo espontâneo. Quando tentamos governar esse processo espontâneo, o detemos. Se não pretendemos conseguir forçadamente comportamentos "autênticos", os movimentos e a música fluirão por si sós como dois pólos ou aspectos de uma mesma entidade.

* Ver discografia.

A proximidade dos nós do bambu difere ao longo de sua superfície, sendo mais próximos em suas extremidades. O controle da vida se acha simbolizado nas tramas e nós da sábia cana. Na infância – próximo da terra – e na velhice – próximo do céu – é necessária a inocente e natural reflexão ante cada passo a seguir. O homem sábio, que possui a plena virtude, sempre se assemelha a um recém-nascido.

9

Em Direção à Entropia

"Um som tão doce, um hálito tão novo,
vão sulcando o acinzentado dia,
medrosamente, como adejo de pássaro,
como aroma tão tímido da primavera.
Desde as matinais horas da vida
sopram lembranças,
como tormentas de prata sobre o mar
tremem e se desvanecem.
Desde o hoje até o ontem parece tudo longe,
e próximo para o muito que se esquecesse,
o tempo passado e a época de fadas
jazem aqui, um jardim aberto.
Talvez meu antepassado, que durante um milênio
descansasse, esteja desperto agora,
e agora com minha voz falou,
e com meu sangue se aquece.
Talvez haja um mensageiro lá fora
e entre em seguida onde estou;
talvez, antes que o dia expire,
de novo estarei na minha casa."

Ouvindo com Atenção,
Hermann Hesse

149

O ouvido e a comunicação

Num mundo que desenvolve seu existir sob a luz do Sol, a visão é o sentido de percepção por excelência. Um oceano luminoso de formas plásticas e ações em movimento é recolhido por nossos olhos e transmitidos à nossa consciência. As coisas falam por si mesmas, na maravilhosa linguagem das formas. Mas, assim como a visão é o sentido de percepção, o ouvido é o sentido de *comunicação* mais importante no ser humano.

Recebemos um mundo sonoro que enviamos ao nosso eu profundo e, graças à nossa faculdade de nos fazermos sonoros – num duplo jogo comunicacional – retornamos em novas vibrações e alimentamos esse universo de sons.

Por um jogo de combinação, simbolização, coordenação de símbolos abstratos e *significação* dos sons entre si, o sentido de comunicação gera a linguagem das sílabas articuladas – os idiomas – e a linguagem dos sons que chamamos musicais – as músicas.

O feitiço do som

A coordenação dos sons ocorre estreitamente paralela à dos movimentos corporais.

Nenhum dos nossos sentidos é simplesmente receptivo. Através de qualquer um deles e de inumeráveis formas e maneiras nos fazemos presentes no mundo, mas fundamentalmente com a visão e o ouvido desenvolvemos uma organização num nível superior. Com um cheiro, o instinto pode interpretar: flor, alimento ou sexo; num gesto ou num som se ascende a uma perspectiva mais dilatada, nova e transcendente, alijada do sentido original e de sua origem corporal.

Tão unido está o sentido plástico e o vocal sonoro, que, para os egípcios, a palavra *cantar* se expressava com um vocábulo que queria dizer literalmente: *fazer música com a mão*. Na escritura hieroglífica, *cantar* está representado por uma mão unida ao antebraço.

A filologia clássica nos mostra reiteradamente a identidade dos vocábulos que, em grego, designavam a cantora e a dançarina. Em Homero, se emprega a palavra *coros* a grupos neste duplo sen-

150

tido, designando-se o canto com a palavra *molpé*, que implica o canto unido à dança, à gesticulação ou à mímica dançada. A *orkestra* é o lugar onde se coloca o coro de dançarinos-cantores no teatro grego, assim como a *emmeleia* (emelia) – dança trágica grega – quer dizer *estar dentro da melodia*.

Magia

A maior compenetração da música e do movimento se apresenta em relação à ação de convocar o espírito criador, conhecida com o nome de *magia*. O homem primitivo não organiza uma sucessão sonora, nem dança por uma simples motivação de prazer. Com sons e movimentos, ele convoca e atrai o espírito – o alento da vida – que se aninha no seio dos objetos distantes, sejam nuvens, pedras ou árvores, por meio de uma linguagem diferente, que ressoa naquilo aos quais se dirige.

O músico e dançarino se transforma em mago, médico e sacerdote.

O homem que canta a fórmula invocatória imita duplamente: com a música de suas palavras e com o gesto que as acompanha. Fórmulas sonoras e plásticas retratavam com fidelidade pessoas, divindades invisíveis ou animais, que se consideravam atraídos por essa imagem sua num fenômeno típico de simpatia, reprodução, imitação e *identificação*.

Em Aristóteles, a música com que se expressam as palavras imita os estados afetivos que as determinam (A. Salazar). A pessoa real vale tanto quanto sua imagem imitada. Imitar o tom, os gestos típicos, o timbre vocal, os movimentos ou maneiras de andar ou de se comportar, era uma coisa grave. Pensava-se que o que se executava sobre a imitação talvez repercutisse na pessoa imitada.

"O resultado da psicanálise é a descoberta de que a magia e a loucura estão por toda parte e os sonhos são aquilo de que somos feitos. O objetivo não pode ser a eliminação do pensamento mágico, nem da loucura; a meta só pode ser a magia consciente, ou a loucura consciente; o domínio consciente desses jogos... E sonhar enquanto se está desperto...

"A consciência simbólica, seja cristã, psicanalítica ou dionisíaca, tem seu fim no corpo, permanece fiel à terra... Encontrar o verda-

deiro significado da história é encontrar o significado corporal..."
(Norman O. Brown).

Consciência artística

A matéria dança.

O poeta romano Luciano (século II) também assinala que a dança circular das estrelas, a constelação dos planetas em relação aos astros fixos, a bela ordem e harmonia de todos os movimentos universais, são um espelho da dança original no momento da criação.

A vida é experimentada como um constante movimento, que se une aos fenômenos da natureza por uma simpatia universal que se ativa por meio de uma força unificadora comum.

A música e a dança foram as formas pelas quais o homem entrava em harmonia com o cosmos e se fundia com o todo.

Agora, por que razão, sem motivos já de culto ou magia, a gente continuou fazendo música ou dançando?

Atualmente, os músicos não se transportam de um estado profano a um sagrado, porém se transportam do que eles reconhecem como "realidade" a um mundo de reações espontâneas, de potência, de desejos, de liberdade, de sonhos, de aquisição e refinamento de consciência.

A unificação de símbolos e significados, de palavra e mundo, projetada para uma entidade metafísica chamada *consciência mítica*, é estruturalmente idêntica à *consciência artística*.

A forma "exterior" do processo interno de um indivíduo tem o poder de transmissão único, magnético, que possibilita a atração de outras pessoas ao círculo mágico da criação.

BUSCANDO A SÍNTESE

Numa época como a nossa, em que se ouve e escreve tanta música, também se escreve muito – talvez demasiado – *sobre* a música. Assim peritos e imperitos se "esforçam" em colocar mais ao alcance do homem uma arte que, por sua própria natureza, já lhe está próxima o bastante, procurando além disso inventar ou descobrir sistemas e métodos, com o fim de esquadrinhar, através do mar profundo, o fundo do oceano dos sons musicais.

Desse modo, o pêndulo da literatura musical oscila do teórico-musical, passando pelo ético-filosófico, pelo sensacionalista-curioso e até o psicológico-vulgarizador.

Esse vício literário produz uma refração do amante e/ou interessado no fenômeno musical, pela leitura, já que não resulta tão importante e/ou prático saber se Beethoven escrevia com penas retas ou torcidas, se aquele artista compôs no estúdio tal ou qual seu terceiro disco, ou um manual de recomendações e de passos auditivos, que, com a ajuda de uma parafernália eletrônica e de poder ser levados a cabo, nos permitiriam a audição de Stravinsky ou dos Rolling Stones depois de oito ou dez anos de "aprendizagem" com Hindemith, Vivaldi, Ravel, Bach ou Schönberg.

O objeto cultural

Necessitamos de uma autêntica compreensão do ato musical, como *objeto cultural* produto do homem.

Existem dois mundos. Um mundo da natureza e um mundo da cultura. A natureza é o que nasce e cresce por si, e está entregue ao seu próprio crescimento. A cultura é o conjunto dos fenômenos culturais.

A música é sempre um objeto cultural realizado por um homem com um fim determinado (para si mesmo ou para outros homens). Com a extinção do último homem se haverá extinguido a cultura.

Cada mundo e cada objeto que o compõe pode ser conhecido por diversos métodos claramente definidos. Para os objetos da natureza o método é empírico indutivo ao ser composto por objetos reais que estão na existência.

A cultura é apreendida por um método *empírico* – está sempre na experiência – *dialético*. É dialético, pois o conhecimento se pro-

153

duz mediante a contraposição de uma tese e uma heterótese, da qual surgirá uma *síntese*, a qual imediatamente se transformará na nova heterótese, contraponente à tese que é o objeto cultural.

Num objeto cultural há sempre um substrato que é uma porção de natureza (madeira, vento, ar, metal, etc.) e um sentido que é agregado por um homem, com uma *significação* baseada num ou mais valores (estéticos, utilitários, religiosos, artísticos, morais, etc.).

No conhecimento de um objeto cultural, a tese é o próprio objeto. A *heterótese* é a imagem do sujeito, em processo de conhecimento do objeto, *tingida* pelo passado, pelas circunstâncias e pelos conteúdos da consciência, que levantam simultaneamente engramas de memória e *insights* contaminantes de apreensão do objeto.

Partindo da compreensão de um objeto cultural, posso compreender todo o cognoscível.

O inefável

A música pode estimular de forma motriz, afetiva, pode provocar considerações ou percepções de beleza, pode ser comunicativa, artificial, mecânica, funcional, integradora, idealista (Beethoven), mais além da emoção e da lógica psíquica (Bach, Mozart), vitalista (Egk), mística (Messiaen, Jarret), patética (romantismo alemão), ou apresentar simultaneamente uma gama imensa de sensações não-traduzíveis em palavras, circunscritas no terreno do mundo *inefável*.

Alfred Korzybski nos lembra que em todo pensamento, percepção ou comunicação de uma percepção, há uma transformação, uma codificação, entre a coisa sobre a qual se informa e o que se informa dela.

A música e os movimentos humanos não são plausíveis de *classificação*, atribuindo-lhes um nome ou uma classe. Assim assinalava Korzybski que o mapa não é o território, e o homem não é a coisa nomeada.

A música e sua relação com o ser humano é uma experiência subjetiva, mediada por determinados órgãos sensoriais e vias neurais, mas apesar disso podemos inferir uma série de conhecimentos que nos ajudarão na compreensão dos alcances do som e sua melhor utilização com um fim medianamente predeterminado.

Habitualmente me perguntam que música se pode usar para tal coisa, ou que tipo de sons produz esta reação ou tal movimento corporal. Não existem receitas, mas conhecer os fenômenos primordiais da matéria sonora pode nos abrir passagem a um todo coerente que se manifesta subministrando os instrumentos necessários, determinantes de um objeto e um método para o tratamento da inter-relação som-ser humano.

O violonista e cientista ganhador do Prêmio Nobel de Física em 1921, Albert Einstein, disse que o método do teórico consiste na emissão de umas hipóteses gerais de base, chamados princípios, a partir das quais poderá deduzir resultados. Sua atividade consiste, pois, em encontrar esses princípios e depois tirar conclusões. Portanto, uma vez resolvida a primeira parte de sua tarefa num determinado campo de atividade ou num determinado conjunto de atividades, sairá, sem dúvida, com êxito de seu trabalho, se se esforçar e raciocinar com perseverança. Uma vez realizada a formulação dos princípios, começa o desenvolvimento das conseqüências, que revelam amiúde relações insuspeitas e que vão muito mais além dos fatos, a partir dos quais se formulou os princípios.

ASSOCIANDO

Ao ouvir um som, geram-se no ouvinte, pelo menos, três tipos de associações, que por sua vez podem se desenvolver de forma simultânea: associações cinestésicas, associações por conotação e associações livres.

Associações cinestésicas

A associação *cinestésica* é uma associação inevitável que se produz por algum tipo de semelhança física.

Para a sua formação intervêm três elementos: a forma do som, sua intensidade (forte-fraco) e a altura (agudo-grave). O timbre habitualmente não tem muita importância, porém certas "qualidades de superfície" ou texturas sonoras (lisas, rugosas) se associam cinestesicamente.

Lembremos que nesta associação não intervém nem o cultural, nem o psicológico pessoal.

No caso de um som agudo, com um comprimento de onda muito pequeno, de 14.000 vibrações por segundo, todos tenderemos à associação desse som com algo pequeno. Produz-se uma associação pelo tamanho. Aos sons graves associaremos volumes maiores.

Os sons agudos se associam também com cores claras e os graves com escuras, num processo no qual intervêm a quantidade de vibrações por segundo do som e sua cor análoga, já que, como todos sabemos, as cores emitem vibrações de forma bastante similar ao som.

Uma estrutura rítmica, utilizada como geradora de movimento corporal, determinará diferentes resultados se é executada por um instrumento de espectro agudo ou de freqüência grave. No segundo caso os movimentos surgirão numa dinâmica mais ampla e de densidade maior (compacta), e, no caso de usar um instrumento de som agudo, serão pequenos e etéreos.

Associações por conotação

A associação por *conotação* está determinada por apriorismos culturais. Desenvolve-se no plano do geral, para a generalidade das pessoas de uma determinada cultura. É possível detectar as características de uma cultura através das conotações efetuadas a determinados sons e se pode utilizar como suporte para projeções culturais. Por exemplo, uma sirene conota: polícia, ambulância; um mugido: uma vaca; um rugido: um leão; uma nota de violino: um instrumento musical chamado violino.

Este fator de conotação é muito importante, pois implica a possibilidade de determinar, de forma global, uma resposta objetiva, mais além das associações pessoais que possa despertar.

A sirene conota polícia ou ambulância, mas a partir do processo de heterotese o sujeito tinge com seus conteúdos históricos a apreensão do objeto-som e subjetivamente apresenta uma resposta única e particular.

Para alguns, uma sirene pode acionar uma sensação de perigo e em outro gerar, por associação livre, um sentimento de segurança.

Associação livre

A associação *livre* não está determinada por apriorismos culturais. Desenvolve-se num nível particular, individual, e se vincula com a história de cada ser humano, com suas vivências e com suas experiências pessoais.

Se uma pessoa teve que abandonar abruptamente seus estudos de piano por causa de uma situação conflitiva, a audição de um "suave" prelúdio (que supúnhamos harmonizante e "sedativo" do sistema nervoso) *evoca* a situação passada e produz outra resposta dissímil.

Entre os compositores ocidentais que imprimiram uma poderosa faculdade associativo-evocativa em suas obras, encontram-se Beethoven, Ravel, Debussy, Stravinsky, Penderecki, Ives, Gorecki, Gismonti, Lutowslacki, entre tantos outros.

Sucessões

Além do campo de associações do som, é fundamental conhecer as *relações de sucessão* da matéria sonora.

As relações de sucessão se aplicam à continuidade ou descontinuidade de acontecimentos sonoros no tempo.

1) A primeira relação importante é a sucessão *descontínua*.

——— ———

É descontínua porque há um intervalo de tempo entre duas ações ou matéria sonoras. Possui três conteúdos: a primeira ação, o intervalo de tempo e a segunda ação. Ação é qualquer movimento da matéria sonora.

Na ação descontínua (por exemplo: tema musical-silêncio-tema musical) o intervalo de tempo adquire grande relevância. É de caráter expressivo, suspensivo, emotivo ou tenso.

2) A segunda relação é a sucessão *contínua*.

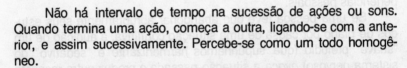

Não há intervalo de tempo na sucessão de ações ou sons. Quando termina uma ação, começa a outra, ligando-se com a anterior, e assim sucessivamente. Percebe-se como um todo homogêneo.

3) A terceira relação é a *imbricação*, semi-superposição – simultaneidade – que não é nem sucessão propriamente dita nem superposição, aproximando-se mais do conceito de sucessão.

Na imbricação há zonas de percepção ambígua quando se superpõem as ações e zonas claramente reconhecíveis, pois não existe superposição.

A zona de ambigüidade oscila segundo a menor ou maior densidade polifônica, já que simultaneamente há uma maior informação.

Em relação às *mudanças*, na sucessão descontínua a mudança é brusca, na contínua é menos brusca, suave, e na imbricação é absolutamente paulatina.

ENTROPIA E INFORMAÇÃO

Homogeneidade

Quando se superpõem sons complexos, conforma-se um novo "espectro" de espectros diferentes, com um grau maior ou menor de *homogeneidade*.

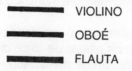

Quando misturamos instrumentos iguais ou da mesma família (cordas, por exemplo), a mistura é homogênea. Ao misturar instrumentos de diferentes famílias, a mistura é heterogênea.

Cito este tema – a homogeneidade – pois o ouvido nem sempre encontra possibilidade de discriminar os conteúdos de uma mensagem. Nos matizes de homogeneidade-heterogeneidade devemos lembrar que *o maior grau de heterogeneidade, em circunstâncias especiais, se transforma no maior grau de homogeneidade*.

Se queremos obter uma mistura heterogênea, não devemos abusar na quantidade dos conteúdos incorporados.

Estes aspectos de *teoria da informação* são só aplicáveis aos fenômenos do som.

Visualizemos:

Heterogêneo   Homogêneo

Imaginemos que uma orquestra soa simultaneamente com todos os instrumentos numa nota diferente, onde o resultado é aparentemente heterogêneo; para a percepção é homogênea, pois o ouvido não tem tempo nem possibilidade de discriminar os conteúdos da mensagem, transformando-a num todo ou *gestalt* homogênea.

Na fusão de vários sons com o resultado perceptivo de um só som resultante, não devemos passar de cinco ou seis elementos, já que, no caso de nos excedermos demasiado – 20 elementos ou mais – a *heterofonia* se transforma em *homofonia* por excesso de informação.

Este conceito é fundamental na diagramação de um material sonoro, em técnicas projetivas, *collages*, audições, improvisações. É uma noção ligada ao conceito de desordem, caos e *entropia*.

Umberto Eco qualifica a entropia como o grau de desordem que existe numa informação. Medir a informação sonora é medir a ordem ou a desordem segundo a qual a mensagem está organizada, ou seja, medir as *probabilidades* de entender essa mensagem.

O conteúdo de uma mensagem depende de sua organização. Por exemplo, no sistema tonal existe certa previsibilidade que não se observa na música atonal.

Abraham Moles define a entropia como os elementos imprevisíveis que aparecem dentro de um sistema de comunicação institucionalizado.

Introduzir um grau de entropia, de imprevisibilidade, de *originalidade*, aumenta o interesse do receptor e apela mais ao emotivo-afetivo.

Negentropia

Gregory Bateson afirma que a entropia é o grau em que as relações entre os elementos componentes de qualquer agregado estão misturadas, indiscernidas e indiferenciadas, sendo impredizíveis e aleatórias. O oposto é a *negentropia*, o grau de ordenação, diferenciação ou predizibilidade num agregado de elementos.

Diz-se que uma seqüência de acontecimentos é *aleatória* se não há um modo de predizer o acontecimento seguinte de uma índole determinada a partir do acontecimento ou acontecimentos que o precederam e se o sistema obedece às regularidades da probabilidade. Note-se – previne Bateson – que os acontecimentos que chamamos aleatórios são sempre membros de algum conjunto limitado. A queda de uma moeda comum é aleatória: cada vez que a jogamos, a probabilidade de que na vez seguinte caia cara ou coroa não se modifica. Porém sua aleatoriedade está dentro do conjunto limitado: é cara ou coroa; não há outras alternativas a considerar.

Mensagem

Mensagem é um sistema organizado de certas probabilidades. Podemos ver a mensagem como algo internamente dotado de um padrão, que ao mesmo tempo é parte de um universo maior que também possui um padrão.

É necessário conhecer a *probabilidade* que possui o receptor de poder definir qual é o significado do código escolhido e – em menor grau – o significado da mensagem codificada, *antes* e *depois* de receber a mensagem.

O que nos interessa, em última instância, são as regras de transformação, nem tanto a "mensagem representacionalista", senão o código utilizado. Em toda mensagem, o fundamental é a percepção do padrão, pois sem padrão não existe informação.

Padrão

Padrão é um conceito similar a informação, redundância, significado e restrição. Uma seqüência sonora contém padrão ou redundância quando se pode dividir mediante uma "marca de corte", de tal forma que um ouvinte que percebe o que está de um "lado" da marca de corte possa conjeturar com um êxito que supere o acaso previsível que há do outro lado da marca. Assim, o que está de um lado contém *informação* ou possui *significado* sobre o que se encontra do outro lado da marca de corte; contém redundância e restringe (sem eliminar) as conjeturas erradas.

Por isso G. Bateson afirma que a essência da comunicação é a criação de redundância, significado, padrão, predizibilidade, informação e/ou a redução do acaso, mediante a restrição.

Eco insiste em que existe uma tendência à desordem, reconhecendo momentos nos quais se estabelece uma ordem por pouco tempo e que diminui a entropia.

A ordem negentrópica excessiva possibilita a previsibilidade da mensagem, e, portanto, sua banalidade; "diz pouco", tipo cartão de Natal.

Justaposição

Em relação à densidade, ao número de elementos por unidade fixa de referência, encontra-se o conceito de *justaposição*.

Na justaposição aludimos a uma densidade temporal. A unidade fixa de referência seria a unidade de tempo.

Se tomamos uma unidade de tempo fixa de um segundo (semínima 60, ritmo de caminhar tranqüilo), podemos registrar aproximadamente quatro possibilidades de densidade: uma densidade mínima (1/seg.), uma densidade média (4/seg.), uma densidade maior (12/seg.) e uma densidade máxima (18/seg.).

O ouvido discrimina até 18 unidades por segundo. A partir daí percebe-se como um som contínuo de qualidade de superfície rugosa, como o rufo de um tambor.

O glissando de um pianista idôneo é de 13 notas por segundo. É primordial a noção da quantidade de sons que um ser humano pode registrar numa entidade fixa de referência, porque pode acontecer que na mensagem musical com demasiada informação em pouco tempo se homogenize a percepção. Este fenômeno se dá devido à velocidade com que se sucedem os acontecimentos.

Sugiro a audição de *Homenagem às Vítimas de Hiroshima*, do músico contemporâneo Penderecki, onde você experimentará alguns dos conceitos tratados até este momento: sucessões, imbricações, momentos de entropia, justaposições, graus de homogeneidade e associações em diferentes níveis. Outra composição interessante é *Em Dó*, de Terry Riley, onde se encontrará imbricações, homogeneidade por excesso de heterogeneidade, ordem e desordem, imprevisibilidade-previsibilidade e associações cinestésicas claras – à base dos diferentes registros utilizados.

Ações simultâneas

Quando existem movimentos sonoros simultâneos, estes podem apresentar-se numa destas *formas de simultaneidade*.

- *Inclusão*

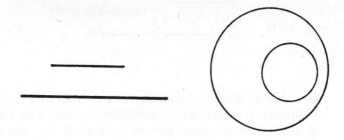

- *Sincronismo Total*

As ações começam e terminam simultâneas.

- *Sincronismo Inicial*

As ações começam juntas e terminam de forma separada.

Produz-se uma comparação e se percebe o som que se prolonga como subjetivamente distinto.

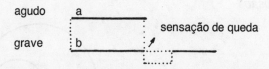

No esquema anterior, o som de maior duração é mais grave. Ao finalizar o agudo há uma sensação de queda e uma zona de percepção ambígua, que se estabelece por operação mental. A sensação de queda é uma sensação subjetiva de diminuição na altura do som. Percebe-se o som em comparação com o que anteriormente o acompanhava.

● *Sincronismo Final*

Um som que antecede a outro condiciona a percepção desse outro.

A sensação subjetiva é inversa à anterior.

Com a sucessão descontínua de matérias muito dissímiles, com certa rapidez, se dá o fenômeno conhecido como *polifonia oblíqua*.

Exemplo: som grave.... silêncio.... som agudo....

Por comparação mental, continua-se "ouvindo" o primeiro som.

Modalidades formais das trajetórias

Em todo âmbito onde se empregue o som e a música, o processo de desenvolvimento sonoro pode ser reduzido a três estados ou momentos temporais específicos: as formas podem *permanecer* como uma constante; *mudar*, modificar-se, variar; ou *retornar*, após um momento de mudança.

O fenômeno mais relevante a se ter em conta é a *permanência* e sua vinculação com a reiteração: uma forma de repetição.

- *Permanência*

    Sinônimo de imutabilidade. Não se move de seu "lugar". Falta total de mudança.

    No caso do som, uma forma permanente de longa duração e contínua pode ser conseguida unicamente com um gerador eletrônico. Este som gera uma reação bastante particular no ouvinte, pois conforma a percepção de um tempo "congelado". A permanência está vinculada a uma das formas da repetição: a reiteração. Quando se reitera algo por um longo tempo se estabelece um regime de permanência. Pode haver mudanças mínimas, sempre e quando essas mudanças não destruam a permanência. Para o caso da seqüência rítmica, deve-se provocar uma periodicidade.

- *Reiteração*

    Quando se repete algo sem que haja mudanças entre uma seqüência e outra.

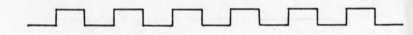

    As músicas de estruturas reiterativas são elaboradas à base da repetição de unidades rítmico-melódicas com ou sem pausas intermediárias. Quanto maior é o caráter reiterativo, maior é a função "hipnótica" desse tipo de composição. Ao menor grau de imprevisibilidade, maior é o grau de poder "hipnótico". As pausas devem ser periódicas: todo o imprevisível surge como dissociador de um *sistema estabilizado*.

    Exemplo:
    Piano-piano-piano-piano-piano-piano-trompa (imprevisível)
    Piano-fagote-flauta-tuba-violão-trompa (previsível)

    O imprevisível é um toque de atenção para quem ouve e pode produzir um choque psicofisiológico.

Exemplos de estruturas reiterativas na música popular: *Construção,* de Chico Buarque; *Águas de Março,* de Tom Jobim; *Satisfaction,* de Jagger-Richard.

● *Recorrência*

Quando se volta, depois de períodos de mudança, ao momento ou tema inicial.

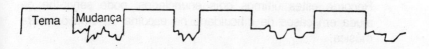

Exemplo: *Relage,* de Erik Satie.

● *Redundância*

Função bastante definida. Na teoria da informação, a redundância aumenta as probabilidades de inteligibilidade de uma mensagem. Repete-se uma unidade, com ou sem mudanças.

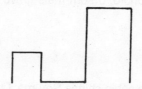

O que distingue e diferencia a redundância de outras formas de recorrência é sua função, pois só confirma, reafirma e poderia não estar: não é indispensável, redunda.
Exemplo: ao finalizar o tema *Construção,* de Buarque, e praticamente em todos os finais dos tangos tradicionais, temos o famoso "dominante-tônica", que nos reafirma a conclusão do tema (chan chan!!).
Lembremo-nos de que a mensagem é um sistema organizado de certas probabilidades. A entropia é a medida "negati-

va" do significado de uma mensagem.
Para resguardar a ordem e o significado da entropia, deve-se redundar uma mensagem para que o *ruído* na informação não supere a mensagem.

Não confundamos significação com informação.
A emoção surge inclusive quando o significado não está totalmente claro.

Recorde estes últimos dois enunciados; pode servir-lhe de ajuda em casos de dificuldade na escolha de uma ou outra música.
– A forma é percebida com anterioridade aos conteúdos.

– No conjunto sonoro, o som mais grave sempre se apresenta acentuado.

Limites Criadores

"A música – diz o sábio chinês Seu-ma Tzen – é a que *unifica*."
A necessidade de criar deve vencer todos os obstáculos pessoais, conceituais, formais, emocionais.
A função do criador é passar por uma rede ou tamis os elementos que ele recebe, impondo a si mesmo uma série de *limites* para a sua atividade.
"Quanto mais vigiada se acha a arte, mais limitada e trabalhada, mais livre é." (Stravinsky)
É preciso compreender que quando deixamos que tudo seja permitido, numa infinita gama de probabilidades – as melhores e as

piores – sem nenhum tipo de limitação e resistência, todo espaço é seguramente inconcebível e nos perdemos num abismo de liberdades.

Se numa ordem de movimento se sugere, sem nenhuma outra pauta, "movam-se livremente", a resposta – em termos de criatividade – será muito menor que se, por exemplo, se acrescenta: "movam-se livremente, utilizando ritmos irregulares"; e aumentaria se se agregasse: "movam-se livremente, utilizando ritmos irregulares, imaginando que vão em direção a um objeto muito desejado", e assim progressivamente.

Minha liberdade será tanto maior e profunda, quanto mais limites estreitos eu imprimir ao meu território de ação e, assim, me impuser mais obstáculos.

A maior liberdade constitui habitualmente a maior cadeia.

Muitas vezes nossos recursos sonoros poderão nos parecer limitados, mas essa característica nos permitirá colocar em jogo nossas capacidades criadoras, descobrindo combinações antes insuspeitadas e uma infinita gama de probabilidade de ação.

A limitação nos elementos de jogo implica libertar-se das limitações da mente. *O pensamento criador não conhece limites.*

Ciência e intuição

Para encarar a realidade e o mistério da mutação da consciência humana, se faz necessária uma verdadeira interação dinâmica entre a mente criadora subconsciente ou intuitiva, e o conhecimento científico da técnica ou da forma.

Ser criador significa ter *capacidade para receber o novo.*

Uma autêntica compreensão de nossos objetos culturais não prejudicará nossas "faculdades intuitivas"; pelo contrário, harmonizará e integrará as razões de nosso coração com as razões de nossa razão.

A visão mecanicista do mundo funda suas raízes nos paradigmas atomistas gregos, que apresentavam a matéria como constituída por vários átomos – elementos básicos de construção – passivos, intrinsecamente mortos e "movidos" por alguma força exterior. Assim, também a matéria sonora foi tratada como algo morto e totalmente separado dos homens. A visão da física moderna, coincidente com a filosofia oriental, é dinâmica e contém o espaço e o tempo como traços essenciais. A realidade inseparável do cosmos flui em eterna dança, e as coisas não se movem por forças exteriores, mas sim por suas propriedades intrínsecas.

Um dos traços importantes da teoria quântica (física moderna) foi o de conhecer que a *probabilidade* é característica fundamental da realidade atômica que rege os processos, e inclusive a existência da matéria (Capra). As partículas subatômicas mostram uma "tendência a existir" (Heisenberg) e não existem em lugares definidos. Os fatos atômicos não sucedem em momentos e de maneiras definidas, senão que mostram uma "tendência a suceder". Por sua vez, assinala-se que essas tendências são probabilidades de interconexões e não probabilidades de "coisas" (Stapp). As propriedades de um objeto de pesquisa não podem ser definidas independentemente dos processos de preparação e medição – na consciência do observador humano – e isto revela a existência de uma qualidade de conexão recíproca. Não podemos decompor ou fragmentar o mundo em unidades mínimas de existência independente, já que as propriedades de um sistema somente são definíveis e observáveis a partir da sua integração com outros sistemas. Daí que, para poder compreender alguns aspectos do sistema-música, devemos penetrar no conhecimento de outros sistemas (humanos e não-humanos) e suas interações particulares interdependentes e recíprocas.

Podemos entender a música como uma seqüência de probabilidades – não de probabilidade de coisas, mas sim de interconexões. Capra observa que a teoria quântica nos obriga a ver o universo não como uma coleção de objetos físicos, mas como uma intrincada *teia de relações* entre as diversas partes de um todo unificado. Portanto, jamais poderemos falar da natureza de um som sem falar ao mesmo tempo de nós mesmos, pois estamos *comprometidos* com o mundo que percebemos. J. Wheeler sugere que o compromisso do observador é a característica mais relevante da teoria quântica e sugere que a palavra *observador* seja substituída por *participante*. Desta forma, o objeto-música não pode ser pensado como uma coisa ou substância, mas sim como um acontecimento que nos envolve totalmente.

Creio que a aproximação de uma expressão vital do ser humano tão importante e complexa como a música não pode ser entendida de um ponto de vista místico-intuitivo ou de um ponto de vista puramente científico. Um antigo provérbio chinês sugere que os místicos entendem as raízes do Tao, porém não os seus ramos; já os homens de ciência entendem os ramos, mas não as raízes. A ciência não necessita do misticismo, e o misticismo não necessita da ciência; porém o homem necessita de ambos (Capra) para penetrar no Tao da Música.

"Eles sabem que ouvimos música e que nela percebemos certos segredos.
Por isso é que tocam música e submergem em *estados*.
Saibas que cada aprendizagem deve possuir todos os seus requisitos, não só música: pensamento, reflexão, consciência.
Recorda: inútil é a maravilhosa produção de leite de uma vaca que entorna o balde."

Hadrat Muinudin Chishti

O neto se apóia no avô, pois este possui a virtude da experiência da vida. O avô prodiga ao pequeno amor e cuidados em excesso, pois no movimento do retorno, sua vida continua nesse pequeno ser.

10

O Terapeuta Flexível

É flexível aquele que possui uma potencialidade para a mudança ainda não utilizada.

Todo ser humano que desenvolva uma atividade em relação a outros semelhantes, deve encontrar-se em condições de passar de uma posição de instabilidade a outra com grande flexibilidade.

"Embora sopre muito vento, a árvore flexível se dobra mas não se quebra."

Rigidez é sinônimo de morte.

As programações rígidas

Para passar de uma posição à outra, devemos realizar uma série de movimentos harmônicos e elásticos – conscientes, psíquicos e somáticos – pois de outra forma perderemos o equilíbrio e "cairemos". Entretanto, o componente fundamental de nossa flexibilidade reside no questionamento e revisão de nossas séries de idéias.

Várias das premissas nodais de nossos modos de vida podem ser falsas e se tornam patológicas, sem possibilidade de mudança; foram construídas com base em *programações rígidas*.

A sobrevivência de uma idéia errônea se dá pela freqüência em seu uso ao transformá-la em hábito, sem possibilidade de crítica ou reexposição. Repetimos, repetimos e finalmente estas idéias se convertem em premissas irremovíveis.

Esta reflexão é dirigida a qualquer pessoa interessada na evolução das idéias. Não estou escrevendo para o profissional Dr. João-Psicoterapeuta e sim para o ser humano João, homem

173

sensível, seja musicoterapeuta, ator, jardineiro, desportista, empresário ou estudante. Não conheço receitas, "técnicas" para especialistas, nem definições rigorosas. Reflito acerca de temas que me preocupam como homem atual e o faço, nesta ocasião, repensando meu caminho como musicoterapeuta, meu ofício, meu *tao*.

As teorias e as técnicas específicas são, com o tempo, simples de aprender; quero transmitir-lhes algo em relação à forma como me aproximo e me vinculo. Penso que alguém aberto, em expansão, deve tomar conhecimento de tudo o que cruza seu caminho. Experiências positivas ou "negativas". Não me atrai o caminho mais curto, o direto: não me permite desfrutar o trajeto do processo; me restringe.

Em certa ocasião, um musicoterapeuta recém-formado me consultou sobre que livro "devia" ler para a sua formação. Quando lhe sugeri alguns textos, ficou me olhando espantado. Ele esperava que eu lhe indicasse a "clássica" bibliografia e, para a sua surpresa, lhe sugeri livros de jardinagem, filosofia comparada, psicologia comparada, aikidô, acupuntura, movimentos estelares, psicologia e outros.

— Esses não são de musicoterapia — respondeu, crendo que eu lhe estava pregando uma peça.

Aceitar as mudanças

Parte de nossos conflitos diários se origina em nossa impossibilidade de relevar as *mudanças* e de nos satisfazermos também com a *constante*.

Ser receptivo e flexível frente ao meio, à gente mesma, à passagem do tempo, é aceitar a convivência do constante e da mudança.

Na busca de nosso caminho — *um* caminho e não o caminho ideal — cometemos muitos erros; temos acertos e desacertos, mas como em qualquer aprendizagem os equívocos acontecem quando *agimos*.

Aprendemos com os nossos equívocos.

Quanto mais nos animamos a explorar e investigar — dentro e fora de nós — mais erros cometemos, porém maior será nossa aprendizagem. Duvido que exista a aprendizagem — numa arte, num ofício ou numa virtude – sem os sucessivos ensaios-erros que vão descobrindo nosso caminho, nosso *tao*.

Desaprender para aprender

Ante cada novo "achado" costumo me perguntar:

Quando?
Como?
O quê?
Onde?
Por quê?
Para quê?
De quem-para quem?

E muitas vezes as respostas se completam na prática mesma. O importante é não interromper o fluxo constante da desaprendizagem-aprendizagem.

A desaprendizagem, o "desandar" o caminho, é o passo mais difícil.

Ao desaprendermos não perdemos o que sabemos, mas sim formamos um espaço para adquirir novos conhecimentos.

Costumamos estar muito cheios, "estagnamos", sendo por isso que não introduzimos fácil e ingenuamente novas premissas ao agir. Se nos mantemos abertos e flexíveis, uma palavra ou um som são suficientes; de outro modo, mil explicações não bastam.

No território da terapia, cada *sessão* é um novo encontro.

Reiteramos, não repetimos.

Esta sessão de hoje, é *a* sessão; o momento presente. Ao iniciá-la, devo "esvaziar-me" e começar do zero a desenvolver minha aprendizagem. Talvez nesse dia eu descubra uma nova forma de falar, de tocar ou de expressar uma idéia ou uma emoção; talvez não... Porém, o caminho da inocência se encontra bem perto do conhecimento.

Em todo enfoque terapêutico existe uma série de técnicas de aproximação específica, e na musicoterapia se utiliza o som e o movimento expressivo, como modo de relacionamento interpessoal: improvisações com instrumentos; jogos sonoros, sonodramatizações, exploração de sons, enfim todas as técnicas que você se atre-

175

va a imaginar. Contudo, o importante e criativo não reside na "aplicação" desses recursos, que qualquer um medianamente capacitado pode reconhecer com facilidade, mas sim nos "espaços" de elaboração criados entre uma e outra orientação. Interseções, interconexões, interações, encruzilhadas, iridescência; o significado e sua elaboração não estão *nas* coisas e sim *entre* elas; não estão estabelecidos nem petrificados, mas são criação contínua.

De nada vale possuir um arsenal de idéias "atrativas" se não podemos conferir-lhe uma articulação sensível. Se trabalhamos de um modo restrito (e, quando alguém trabalha assim, *vive* assim), terminamos aborrecendo-nos com nossa atividade. Transformados em meras "novidades" ou negociantes, nos estancamos cômoda e letargicamente em nossas crenças cegadoras.

Meu enfoque de saúde é holístico, pois encaro o tratamento de uma pessoa inteira em vez de centrar-me em sintomas específicos. Em vários aspectos, sinto-me identificado com a corrente de psicoterapia transpessoal, aquela que transcende os objetivos do ego e conecta o psicológico com a prática espiritual, numa tentativa de facilitar o crescimento em direção das regiões de transcendência e realização *transpessoal* (que transpassam ou transcendem a personalidade), mais além do fortalecimento egóico e da identidade existencial. Duvido que haja terapeutas peritos em todos os âmbitos, embora eu considere que, no curso de um tratamento, um terapeuta flexível, além de interpretar os sonhos e as fantasias, ou de tentar quebrar uma couraça caracterial, pode sugerir ao seu paciente uma dieta ou iniciá-lo nos caminhos de uma prática de meditação.

Sempre somos diferentes

Quando alguém repete um esquema sem evoluir adequadamente, perde *consciência* do que o rodeia e age de maneira impulsiva ou reflexa.

Em cada sessão devemos *desprogramar-nos,* pois temos cada dia à nossa frente um ser diferente. Tampouco sempre somos os mesmos. *Nunca somos iguais*. Existe uma constante, mas as mudanças são nossa acomodação permanente à realidade "verdadeira" (não à que "cremos que é").

Quando nos chega um estímulo externo de força suficiente para deslocar-nos – e em nossa disciplina são abundantes – não devemos desprezá-lo, mas sim acomodar-nos e recebê-lo com flexibilidade, sem a menor resistência. Deste modo, nosso ser em movimento se situa sintonicamente de outra maneira e esse estímulo se transforma em *estímulo criacional*.

Se nos refugiamos num setial ou lugar inalcançável, ápice de segurança, seremos facilmente derrotados, numa batalha inexistente.

O verdadeiro inimigo ou oponente se acha sempre dentro de nós mesmos.

A verdadeira segurança

Devemos mover-nos levando a *segurança* dentro de nós e não nas roupagens, títulos, hierarquia ou astúcias no manejo de nosso papel.

Não confundamos a astúcia e a destreza com a sabedoria e o conhecimento.

Talvez nunca cheguemos a tão alta meta, e não sei se a "iluminação" é obtida com longos anos de empenho ou instantaneamente, mas há uma grande diferença entre a espontaneidade transcendente e a superficialidade do jogo intelectual. É como ouvir uma obra musical composta com conhecimento das leis da harmonia, porém sem nenhuma motivação emocional; carece de tecido conjuntivo – conectivo – que embase seus movimentos. Não nos "chega" nem nos comove.

Uma boa sessão de terapia é como uma dança onde os bailarinos se acomodam constantemente ao movimento do outro e fluem com liberdade, unindo-se numa corrente incessante. É muito difícil que algo disto ocorra se ficamos imóveis, em defesa de nosso "estável" lugar, com temor de perder tudo o que "ganhamos" e resistindo a todo o novo. Dessa forma nos mantemos tensos e em guarda, em vez de relaxados e receptivamente abertos. Dançar é deixar fluir a consciência aos movimentos.

Dancemos...

Quando nos sentimos seguros e centrados, não necessitamos alardear nossa "segurança". Simplesmente surgirá em nosso próprio corpo, nas palavras ou na música da voz.

177

Ferramentas

As *ferramentas* de um terapeuta são muitas e valiosas, mas de nada valem quando elas são usadas sem entendê-las ou com uma compreensão parcial.

Quando a pessoa inadequada usa os meios adequados, esses meios adequados atuam inadequadamente.

Somos simultaneamente ferramentas e modelos do que temos que oferecer. "Servir de modelo" é um procedimento terapêutico universal, só que durante muitos anos foi usado sem consciência de sua implementação, tentando reduzir ao mínimo os compromissos "afetivos", para poder ser verdadeiras "telas em branco" para as projeções do paciente. O crescimento de um dos participantes da díade terapêutica favorece o do outro, portanto o trabalho com a própria consciência, com o próprio crescimento e uma "pronta disposição para ouvir a verdade sobre si mesmo", podem constituir um ótimo modelo de evolução para o paciente.

A ferramenta mais vital para todo terapeuta é sua própria pessoa, seu corpo em ação, seu organismo como operador e catalisador de mensagens e freqüências diversas. Sua *experiência de vida.*

Alguns pensam que, pegando um pedaço da ferramenta conceitual de um homem e outro pedaço da teoria de outro, podem transmitir a outros a sua "técnica" de libertação ou saúde. Um bom terapeuta – como um bom mestre – nos modifica com sua simples presença, pois "leva vestido" seu conhecimento, sem necessidade de nos dizer continuamente o que nos sucede. Ajuda-nos a descobrir as coisas por nós mesmos, num suave e lento processo de "crescimento". Oferece-nos uma pauta de flexibilidade e ferramentas para que possamos descobrir nossas dificuldades à medida que elas surgem.

"O que uma pessoa tem para oferecer à outra é, nem mais nem menos, seu próprio ser." (Ram Dass)

Os exploradores

Penso nos terapeutas como *exploradores.*
Exploradores e não "espoliadores".
J. Lilly afirma que toda tendência "espoliadora" pré-programa

qualquer trabalho que se empreenda e faz com que certos fenômenos se repitam várias vezes. Esses programas de repetição – não de reiteração, obra de uma vontade consciente – funcionam sob o nível de consciência e tendem a se repetir evitando que a gente encontre novas realidades.

Ultimamente se difundiu muito o *slogan* de "deixar-se levar pela corrente", mas com essa desculpa tem-se cometido todo tipo de excessos e descuidos. Não é fácil descobrir qual é o verdadeiro caminho da corrente. Citando Lilly, "a corrente é uma pauta que creio ver, ou são minhas limitadas crenças, operando com dados insuficientes, que forjam uma corrente falsa?". Sem pautas definidas e claras, não se pode visualizar a "corrente" e muito menos "deixar-se arrastar" por ela.

Em *Humam Biocomputer* são propostos alguns passos metaprogramáticos para serem usados por todo explorador científico numa pesquisa. Creio que cada encontro com as zonas do inconsciente constitui uma extensa viagem sem rumo definido e o explorador pode ter em conta algumas destas indicações: ao chegar a um novo espaço, a uma situação nova, *examinar* com a maior vacuidade as idéias básicas dessa realidade; tomar, em princípio, sempre essas idéias básicas como *verdadeiras;* ir a essas novas "zonas" bem desperto, atento e consciente, guardando tudo, por negativo ou positivo que pareça; voltar à realidade convencional conservando temporariamente as crenças básicas da "zona" transitada; comparar os modelos atuais e as novas idéias; construir um sistema alternativo que inclua ambas as realidades e revise esses modelos de pensamento.

A idéia básica é experimentar de forma intensa, despojada de preconceitos e espontânea, depois "sair" dessa situação e estudar criticamente os dados, reprogramando os modelos referenciais e teóricos.

Existe um estado de "fixação paradigmática" no qual um pesquisador se sente incapaz de admitir nenhuma outra teoria a não ser a sua, já que se converteu em "crente" de certo *paradigma* – conjunto de teorias, valores, técnicas, modelos ou construções compartilhadas pelos membros de uma comunidade – que adquiriu um poder de "lei suprema" inquestionável. Daí que seja tão difícil a introdução de um novo contexto paradigmático, que inclua necessariamente outras espécies de informação e que contribua com formas de visão complementares para a totalidade da realidade.

No campo do som e do movimento, tão próximo da situação lúdica, a experiência e a lógica nem sempre nos ajudam. Só a intuição e a grande resolução (e nem sempre).

"A *percepção* sensorial nos assinala que algo existe, o *pensamento* nos diz o que é, o *sentimento* nos diz se é agradável ou desagradável e a *intuição* nos diz de onde vem e para onde vai." (C.G. Jung)

> **Duvidar...**
> **Questionar-se...**
> **Recolocar...**
> **Gerar pensamentos novos...**
> **Flexibilizar...**

Flexibilidade implica uma *intencionalidade* diferente em nosso caminho direcional. É apostar na transformação, na mutação, no presente, no encontro rítmico pró-criativo; num futuro onde nossas sementes são nutridas pelas sementes do passado, porém não num estancamento no ontem, como determinante fatídico de nossas ações presentes.

Outras culturas

"A consciência ocidental não é, de modo algum, a consciência em geral, senão um fator historicamente condicionado e geograficamente limitado, representativo só de uma parte da humanidade." (C.G. Jung)

Costumo fazer referência a dados de *outras culturas*. Nossa formação tem sido estreitamente limitada e nossas idéias não são o centro do universo psicológico. No contexto do desenvolvimento atual da psicoterapia, faz-se necessário estudar, praticar, reintroduzir e metabolizar os sistemas de psicologia mais antigos e mais amplamente desenvolvidos.

Penso que, para um terapeuta flexível, o conhecimento – principalmente se não for a um nível teórico – de outras culturas ajuda a compreender a sua própria, outorgando-lhe um grau maior de objetividade. Existem em outras culturas certas disciplinas que contêm elementos em comum com a psicoterapia; compreender seus métodos, objetivos e princípios nos proporciona uma perspectiva holista de nossa atividade.

A consciência ocidental reclama liberdade, mistério e magia. N. Brown diz que o poder que torna novas todas as coisas é magia, o que nosso tempo necessita é mistério e magia. Só um milagre pode salvar o espírito humano, pois as correntes que o subjugam são "mágicas". Brown conta que no Tibete existe um Colégio de Magia Ritual que oferece cursos sobre "calor interior"; o calor interno é uma ioga que outorga controle sobrenatural sobre a temperatura do corpo. Os candidatos se congregam à meia-noite, em pleno inverno, totalmente nus, num lago congelado do Himalaia. Ao lado de cada um se colocam camisetas úmidas e geladas, que devem ir sendo vestidas uma a uma, à medida que estas vão secando com o calor que emana de seus corpos; quando chega a aurora, examina-se quem leva vestidas mais camisetas. A ioga oriental nos demonstra, com clareza, a existência de poder e conhecimento superior, mas não contém o conhecimento específico que requer nossa sociedade ocidental; "cada sociedade tem acesso ao seu *próprio conhecimento*".

Graças à "influência do Leste", percebi que a palavra *psicoterapeuta* continha uma dicotomia e entranhava uma concepção errônea e parcial de sua realidade: não conheci nenhum psicoterapeuta que só trabalhasse com a psique. Os conflitos se expressam na totalidade do ser.

Não nos custou já demasiadas guerras e tantas vidas a dicotômica separação corpo-mente?

Só a transformação de nossa consciência implicará uma verdadeira "terapia" da dissociação como modelo-pauta cultural generalizada: nossa "psicose".

É possível que o esforço de integração das diferentes psicologias – ocidentais e orientais – gere soluções, formulações, paradigmas ou imagens do mundo de uma ordem superior, com uma maior possibilidade de compreensão dos estados de consciência e suas realidades dependentes.

Um Músico foi ver um Médico e lhe disse:

"Tenho toda espécie de sintomas terríveis.

Sinto-me infeliz e intranqüilo; meu cabelo, meus braços e minhas pernas estão como se houvessem sido torturados".

O Médico lhe perguntou: "É verdade que ainda não cantaste tua última canção?"

"Isso é certo", respondeu o Músico.

"Muito bem", disse o Médico, "tem a amabilidade de cantá-la".

O Músico assim o fez e, ante a insistência do doutor, repetiu várias vezes suas estrofes.

Então o Médico lhe disse: "Põe-te de pé, pois já estás curado. O que tinhas em teu interior te havia afetado. Agora que já te libertaste, voltaste a estar bem".

O sábio observa no bambu um modelo de constância e permanência. Em seu paciente fluir é posto à prova pelos ventos, pelas chuvas, pela nevada, pelo abrasador calor, mas sempre se acomoda suavemente, sem resistir, e mantém sua integridade. Como o sábio, o bambu age sem ação e ensina sem palavras.

11

A Arte
da Vida

"Ventos, água, céu, terra,
e a força desse fogo.
Chuva, trovão, mar sem dono,
e o mistério a cada passo.
Alquimia emocional afundando as raízes,
tirando velhos trajes que já não servem mais.
Ruído, risos repetidos,
marcas que a vida traçou.
Novos brotos que germinam,
luz que imanta e não ofusca.
A arte é nossa vida que cura as feridas,
que morre se está presa e não pode voar.
Branco e preto, neve escura.
Vida e morte lindam a loucura,
roubo na decência minhas prolixas ataduras.
Deus-demônio, ego absurdo,
arco e flecha, centro absoluto,
desandando sendas que me levam a outros mundos.
Mapa físico infinito, civilização enferma
Tudo flui e evolui.
A natureza ensina que a ordem mudou
e o gesso se quebrou,
a força do consenso nem sempre é a verdade.
Com minha corda em sintonia, afinando em sol e esferas.
Vou limando os espinhos, de nada me defendiam.
A arte é medicina que cura as feridas,
que morre se está presa e não pode voar.
Quantas fraudes te pregaste

e montanhas levantavas, sem alicerces
pura casca sem nada.
Mente, corpo, carne e alma,
o presente hoje é o futuro
desandando sendas, descobrindo um velho mundo.
A arte é medicina que cura as feridas,
que morre se está presa e não pode voar."

Arte, Carlos D. Fregtman

O CAMINHO DA ARTE

O homem é somente uma pequena parte de sistemas mais amplos que conformam uma rede circuital dentro da qual se desenvolve. Acoplamo-nos ao ecossistema ambiental que nos rodeia através da consciência e na maioria dos casos esse acoplamento é parcial, incompleto ou distorcido.

Existem atividades nas quais o homem se acha implicado em sua totalidade, como *unidade* global funcional, onde a consciência exerce um papel superior de integração; na criatividade ou percepção artística se busca algum tipo de expansão dos limites da consciência e nosso ser age sistemicamente, superando a vivência despedaçada e fragmentada da realidade.

A experiência pura

Existem áreas do agir humano que não estão limitadas pelas estreitas distorções do acoplamento ao meio e onde a "sabedoria" pode predominar. G. Bateson afirma que as áreas mais importantes são a do amor, das humanidades, das artes, da poesia, da música, do contato com os animais e da religião.

Tomando as idéias de C.G. Jung, podemos afirmar que a religião é uma atitude especial do espírito humano que podemos qualificar de consideração e de observância solícitas de certos fatores dinâmicos concebidos como "potências" (idéias, ideais, espíritos, demônios, deuses ou qualquer que seja a designação que o homem deu a esses fatores), que, dentro de seu mundo, a experiência os apresentou como suficientemente poderosos, perigosos ou úteis para tomá-los em respeitosa consideração; ou suficientemente grandes, belos ou razoáveis para adorá-los piedosamente ou para amá-los. Assim, um homem de ciência amiúde possui "temperamento de religioso" ou um artista "se consagra à sua causa de um modo quase religioso". A religião – dizia Cícero – é o que outorga veneração e reverência a alguma natureza mais alta...

Nessas atividades (arte, humanidades, etc.) o homem busca uma experiência interior da consciência, por curta que seja, e nesse lapso se transforma "nela mesma" despojado de todo atributo mental, mundo exterior, ego para os outros ou para si mesmo. São estados de consciência pura onde subsistem individualidades, sensações duplicadas, símbolos, sentimentos de exaltação e união com um ser superior. A. Maslow nos fala de experiências inabituais de êxtase, que ele chama "estados paroxísticos", que podem mudar o curso de nossa vida e acelerar nossa *evolução* (ou, pelo menos, não detê-la).

O *Vedanta* sustenta que o jogo *(lila)* da consciência se desdobra ante nós e nos apresenta a dupla manifestação da antropogênese e da cosmogênese: são as modificações da consciência as que criam, sustentam, emanam, reabsorvem e destroem os mundos. A potência criadora é velada e limitada em forma progressiva por nossa psique, nossa mente. Os seres humanos que conseguem beneficiar o mundo com descobertas de grande envergadura ou obras artísticas de destaque, possuem uma consciência que franqueou as barreiras de "separatividade": expressam o *todo* e não só seu ego pessoal. A doutrina tântrica assinala três níveis mentais: a inteligência superior, universal e impessoal; o ego que individualiza e se apropria dos dados que lhe são apresentados; e a mente inferior que percebe, analisa e classifica.

A consciência exerce sua influência mediante a decisão que manifestamos de transcender nossas limitações e permitir, desta forma, a experiência pura, libertada do ego e das formas mutiladoras da mente.

A música que nesses momentos soa em seus ouvidos, o som que este universo compõe com seus movimentos, a canção que cantarão seus filhos, são mensagens *completas* para a humanidade.

SOLIDARIEDADE UNIVERSAL

O artista cria e revela uma *nova* realidade. Busca os meios para expressar uma sensação de *unicidade* com o mundo todo. Como diz Marcuse, "sua linguagem é canto e seu trabalho é jogo". Brincando disso, faça o que fizer, o artista é ele mesmo. Um engraxate negro escova os sapatos, e faz dançando aquilo que faz, o faz com *swing,* mexendo-se, balançando-se, "bamboleando".

Toda realização perfeita na arte da vida vai acompanhada por uma sensação de que está ocorrendo por si mesma, sem resistências ou deliberações. Ao avançar por si mesma, não a efetua um agente exterior nem a sofre um terceiro, e é neste sentido que falamos de um processo *puro* que atrai os outros a uma zona de consciência unificadora, o "círculo mágico" do criador. Uma obra de arte é uma composição de tensões e resoluções, equilíbrios e desequilíbrios, de certa coerência rítmica, uma unidade em contínuo desenvolvimento que expressa simbolicamente o pulso de nossa própria vida. Criar uma imagem externa do processo interior subjetivo é objetivar esse processo através de uma forma perceptível por outros. Essa forma artística, ademais, possui um padrão determinado internamente que versa, deriva ou está determinado por um universo maior, o qual também possui um padrão.

Toda imagem artística é uma forma purificada e simplificada do mundo exterior, tamisada pela universalidade individual do criador: universalidade que não conhece fronteiras, cores, credos, épocas ou linguagens.

Quando compreendemos os móveis profundos de uma tendência aparentemente oposta à nossa, sentimos uma ternura peculiar cuja origem é o reconhecimento nela das próprias esperanças, dúvidas ou lutas. Assim, escolhemos reflexivamente a rota que por instinto já nos havíamos traçado, porém com mais decisão e alegria, pois nos reconhecemos empaticamente *ressonantes* de homens que sustentaram as mesmas lutas que nós, mas transitando caminhos diferentes. Existe uma solidariedade universal que une todos os gestos e todas as imagens dos homens no espaço e no tempo. Tudo se compreende quando podemos remontar às suas origens; um objeto de madeira talhado por um homem africano e um mármore grego não estão tão distantes como se crê.

Essa solidariedade pertence ao desenvolvimento da história universal; a arte de qualquer tempo e de qualquer lugar se interpenetra progressivamente. A arte negra imemorial se estendeu sobre os dois mundos pelo vale do Nilo, enquanto alguma ramificação da arte polinésia amarrava na florescente América ou deparava nas ilhas malaias com os navios que transportavam pelo Ganges e pelo Irawadi o espírito da Grécia e do Egito, já transformados na sua passagem pela Assíria e Pérsia; nas Índias e Indochina a semente chinesa havia fecundado, graças às brechas da Brahmaputra e do Tarim; a Pérsia divulgou pela Ásia a arte árabe saída do romano e do bizantino, ambas, por sua vez, ramificações da arte grega; a cavalgada islâmica encontrou na Itália, Espanha e França as formas transformadas da arte grega que chegaram remontando o Danúbio e o Ródano, confrontando-se com as manifestações musicais provenientes das planícies nortenhas pelo vale do Oise, fechando o *círculo universal* da arte.

As expressões do homem, desde as mais simples e cotidianas que constituem a arte da vida, às mais grandiosas e sublimes – sustentadas por essa arte do correto proceder – parecem atravessar fases quase análogas de integração orgânica estrutural, de equilíbrio harmônico, de acompassamento rítmico, de dissolução crítica similar e de uma busca de simplicidade essencial. Assim, ontem ou hoje, o ser mais inocente pode sentir ou expressar o mais admirável poema que o ser mais complicado será sempre incapaz de compreender e pretenderá em vão explicar.

"Deus é uma criança que se diverte, que passa do riso às lágrimas sem motivo e inventa cada dia o mundo para tormento dos que abstraem quintessências pedantes e sabichonas que pretendem ensinar-lhes seu ofício de criador." (Elie Faure)

ARTE EM LIBERDADE

A chance de ter uma chance

São artes a música, a pintura, a carpintaria, a dança, a ourivesaria, a arte da medicina ou da arquitetura, a arte da programação de computadores, assim como o são a arte do amor e a arte de viver. A arte do amor, como a arte musical, é uma ação, uma prática do poder humano que só pode se realizar em liberdade, nunca como resultado de uma compulsão, e que implica certos elementos básicos e comuns, como o cuidado, a responsabilidade, o respeito e o conhecimento. O respeito por nossa arte não significa temor ou reverência submissa; denota a capacidade de *ver* (*respicere* = olhar) as coisas tal qual são, com total consciência de sua individualidade. Respeito implica a ausência de espoliação; desta forma nossos atos se desenvolvem por si mesmos, de um modo natural e não para nos servir. Cuidado, responsabilidade, respeito e conhecimento são mutuamente interdependentes; encontram-se na pessoa que exerce produtivamente seus próprios poderes, que "só deseja possuir o que ganhou com seu trabalho" (E. Fromm), que soube renunciar aos sonhos narcisistas de onipotência e onissapiência, que adquiriu humildade baseada numa força interior que só pode proporcionar a genuína atividade produtiva criadora.

A prática de uma arte requer disciplina, atenção, paciência e uma necessidade suprema pelo "domínio" (destreza) da arte. Talvez um último ponto importante seja que nunca se começa a aprender uma arte diretamente, mas sim de forma "indireta" e holística. Antes de começar com a própria arte, deve-se aprender um grande número de coisas que, aparentemente, costumam não ter nenhuma relação com ela. Se se aspira a ser um mestre numa arte, toda a vida deve ser dedicada a esta, não numa compulsiva prática específica, mas numa *transformação da própria pessoa em instrumento* da prática dessa arte, mantendo as qualidades da mesma através de todas as fases da vida.

"O presente da liberdade não é uma dádiva, mas sim a oportunidade de ter uma oportunidade." (C. Castañeda)

Ser ensinados

A arte da vida é a arte da atenção em tudo o que a gente faz, seja ler um livro, educar uma criança, ouvir um *blues*, falar com uma pessoa ou contemplar um pôr-do-sol. Se a gente está atento e consciente, pouco importa o que esteja fazendo; as coisas importantes e transcendentes, tanto como as mais insignificantes, tomam uma nova dimensão da realidade no aqui-e-agora.

Hermann Hesse nos mostra, numa de suas prosas, outra zona do agir humano onde a "sabedoria", a humildade, a paciência, a arte da vida, se desenvolve. Só é necessário estarem abertos para "serem ensinados"...

"As árvores têm sido sempre para mim os pregadores mais eficazes. Respeito-as quando vivem entre povos e famílias, em bosques e florestas. E ainda as respeito mais quando estão isoladas. São os solitários. Não como ermitãos, que se isolaram devido a alguma fraqueza, mas sim como grandes homens em sua sclidão, como Beethoven e Nietzsche. Em suas copas sussurra o mundo, suas raízes descansam no infinito; mas não se perdem nele, senão que perseguem com toda a força de sua existência uma só coisa: cumprir sua própria lei, que reside nelas, desenvolver sua própria forma, representar a si mesmas. Nada há de mais exemplar e mais santo que uma árvore bela e forte. Quando se corta uma árvore e esta mostra ao mundo sua ferida mortal, na clara circunferência de sua cepa e monumento pode-se ler toda a sua história: nos sulcos e deformações estão escritos com fidelidade todo o sofrimento, toda a luta, todas as enfermidades, toda a felicidade e prosperidade, os anos magros e os anos frondosos, os ataques superados e as tormentas sobrevividas. E qualquer jovem camponês sabe que a madeira mais dura e nobre tem um diâmetro menor, que no alto das montanhas e em perigo constante crescem os troncos mais fortes, exemplares e indestrutíveis. As árvores são santuários. Quem sabe falar com elas, quem sabe ouvi-las, aprende a verdade. Não pregam doutrinas nem receitas, mas pregam, indiferentes ao detalhe, a lei primitiva da vida. Uma árvore diz: em mim se oculta um núcleo, uma chispa, um pensamento, sou vida da vida eterna. É única a tentativa e a criação que ousou em mim a Mãe eterna, única é minha forma e únicas as betas de minha pele, único o jogo mais insignificante das folhas de minha copa e a menor cicatriz de minha casca. Minha missão é dar forma e apresentar o eterno em minhas marcas singulares. Uma árvore diz: minha força é a confiança. Não sei nada de meus pais, nem sei nada dos milhares de rebentos que todos os anos provêm de mim. Vivo, até o fim, o segredo de minha semente, não tenho outra preocupação. Confio em que Deus está em mim. Confio em que minha tarefa é sagrada. E vivo dessa confiança. Quando estamos tristes e apenas podemos suportar a vida, uma árvore pode nos falar assim: Fica quieto! Contempla-me! A vida não é fácil, a vida não é difícil. Estes são pensamentos infantis. Deixa que Deus fale dentro de ti e em seguida eles emudecerão. Estás triste porque teu caminho te aparta da mãe e da pátria. Porém cada passo e cada dia te aproxima mais da mãe. A pátria não está aqui nem ali. A pátria está em teu interior, ou em nenhuma parte. A ânsia de vagabundear me acelera o coração quando ouço ao entardecer o sussurro das árvores. Se se ouve durante longo tempo e com a quietude suficiente, se aprende também a essência e o sentido dessa necessidade do caminhante. Não é, como parece, uma fuga do sofrimento. É nostalgia da pátria, da lembrança da mãe, de novas parábolas da vida. Conduz ao lar. Todos os caminhos conduzem ao lar, cada passo é um nascimento, cada passo é uma morte, cada tumba é uma mãe. Isto sussurra a árvore ao entardecer, quando temos medo de nossos próprios pensamentos infantis. As árvores têm pensamentos vastos, prolixos e serenos, assim como uma vida mais longa que a nossa. São mais sábias que nós, enquanto não as ouvimos. Porém quando aprendemos a ouvir as árvores, a brevidade, a rapidez e a pressa infantil de nossos pensamentos adquirem uma alegria sem precedentes. Quem aprendeu a ouvir as árvores já não deseja ser árvore. Não deseja ser mais que o que é. Isto é Pátria. Isto é a felicidade." Hermann Hesse, "Árvores", de *O Caminhante*.

CRIAÇÃO E SERENIDADE

A arte da vida, a arte de proceder, se encontra simbolizada no *Livro das Mutações – I Ching –* no signo Lü, o comportamento, a apresentação, a pisada.

Em cima, o Criativo, o Céu.

Embaixo, Tui, o Sereno, o Lago.

O comportamento representa o modo correto de se conduzir. Em cima se encontra o Céu, o pai; embaixo o lago, a alegria, a menor das filhas. Isto mostra a diferença entre alto e baixo, uma distinção que constitui o fundamento da compostura, a tranqüilidade, o comportamento correto na sociedade. Lu, no sentido de pisada significa literalmente "pisar sobre algo". O "sereno", que é pequeno, pisa sobre o "forte", que é grande, sem arrogância; desta forma o forte não se irrita, mas sim o deixa fazer com benevolência.

O caráter de ambos subsignos – ressalta R. Wilhelm – é a alegria e a fortaleza, a solidez. Nos ditames anexos do signo, ele diz: "O signo do comportamento mostra o fundamento do caráter: é harmônico e alcança a meta. Promove uma harmoniosa transformação".

O signo Lu opina:

"Pisar a cauda do tigre.
Este não morde o homem. Êxito."

A situação é, na verdade, difícil, diz o *I Ching*. O mais forte e o mais fraco se encontram em contato direto. O fraco pisa os calcanhares do forte e se entretém provocando-o. Mas o forte o deixa fazer e não lhe faz mal algum, pois o contato é suave, alegre e nada feridor.

Na situação humana, freqüentemente devemos tratar com pessoas inabordáveis, "selvagens"; nestes casos, o objeto desejado se alcança se em nossa apresentação, em nossa conduta, nos atemos aos bons costumes. Embora no caso de se enfrentar com gente irritável, as formas de conduta boas e gratas conquistam o êxito.

O enorme tigre no céu é o representante das gigantescas forças cósmicas e pisar a cauda de um tigre equivale a progredir, a marchar adiante. Apesar de se tratar de uma tremenda ousadia, o tigre não morde. Os olhos sorridentes de uma criança são mais potentes que toda maldade, que toda ira; a inocência é capaz de desarmar a depravação. Nem o tigre morde ao ser humano quando este se aproxima dessa maneira. Esta é a arte de agir, a arte que se baseia em voltar a ser criança, em reconquistar a elevada alegria do coração, a confiança interior. No signo Lu se conjugam a alegria – Tui – e a fortaleza – Chien – como imagem do homem frente às forças cósmicas.

Dizia Chuang-tzu: "Podes ser como uma criança recém-nascida? Esta criatura chora o dia inteiro e, entretanto, sua voz não enrouquece; isto é porque não perdeu ainda a harmonia natural... O bebê olha as coisas durante todo o dia sem pestanejar; isto é porque seus olhos não estão fixados sobre nenhum objeto particular. Vai sem saber onde vai e se detém sem saber o que faz. Submerge em seus arredores e se move junto com eles. Estes são os princípios da higiene mental".

Esse é o segredo da moralidade, do comportamento, da arte da vida, da *consciência cósmica*.

A imagem do signo Lu é:
"Em cima o céu, embaixo o lago: a imagem do Comportamento.
Assim o nobre distingue entre alto e baixo
e afirma com ele o sentido do povo."

O céu e o lago revelam uma diferença de altura que se produz por si mesma conforme a natureza de ambos; nenhuma forma de inveja opacifica essa relação natural. Assim, no seio da sociedade é impossível lograr uma igualdade geral, mas as diferenças de nível (ou categoria) não devem ser arbitrárias ou injustas, e sim justificadas por uma dignidade interior que forma a pauta da classe externa. Desta forma, reinará a harmonia, como um acorde musical que se forma por notas de diferentes alturas, porém numa ordem de equilíbrio e interdependência natural.

A interpretação do signo Lu, a apresentação, o comportamento, é dar simplesmente com a atitude correta, é tomar a decisão justa.

As diferentes linhas do signo Lu significam:
"Comportamento simples. Progresso sem defeito."

A pessoa se encontra numa situação na qual ainda não a comprometem os deveres do trato. Caso se comporte com autêntica simplicidade, permanecerá livre de compromissos sociais e poderá dedicar-se com toda tranqüilidade às inclinações de seu coração, posto que nada exigirá dos homens e se mostrará contente. *Pisar* significa *não se deter*, seguir a marcha. A pessoa se encontra numa posição inicial muito insignificante, mas possui a fortaleza interior que garante o progresso. Se se conforma com o simples, poderá progredir sem defeito algum. Quando alguém não encontra paz e sossego devido à sua condição modesta, pretenderá avançar e será ambicioso e inquieto; com seu comportamento se empenhará em escapar de sua condição inferior, da "pobreza", e não em razão de seu desejo de realizar algo. Uma vez alcançada a meta, se voltará com segurança soberba e fará ostentações de sua prosperidade. Seu progresso adoecerá de defeitos. O homem capaz e inteligente, ao contrário, se mostrará contente com seu comportamento simples. Só deseja progredir com o fim de realizar algo. Se desta forma chega a sua meta, conseguirá realizar sua obra e tudo andará corretamente. (*I Ching*)

> "Pisar em plana, modesta e simples via.
> A perseverança de um homem obscuro traz ventura.
> Ele é central e não se confunde."

Aqui o *I Ching* nos fala de um sábio solitário que se mantém distante do bulício mundano, nada busca, nada quer de pessoa alguma, não se deixa envolver por objetos sedutores. Permanece leal a si mesmo e assim atravessa a vida percorrendo um caminho plano, e sem que ninguém o moleste. Como é sóbrio, dócil e não desafia o destino, permanece livre de complicações. O homem que não busca "brilhos" externos (homem obscuro) se move pelo centro do caminho – sem perigos – e não o confunde a manutenção de vínculos falsos com os outros.

> "Um vesgo pode ver, um paralítico pode pisar.
> Pisa a cauda do tigre. Este morde o homem. Desventura!"

Um vesgo pode ver, mas não consegue ver com clareza. Um paralítico pode caminhar, mas não consegue avançar junto aos demais. Quando alguém afetado por tais debilidades se acredita, não obstante, forte e, assim, avança em direção ao perigo, atrairá sobre si a desgraça, pois embarcará numa empresa que está além de suas forças.

"Ele pisa a cauda do tigre,
Cautela e circunspecção conduzem finalmente à ventura."

Trata-se de uma empresa arriscada; existe a suficiente força interior para levá-la a cabo, que se combina no exterior com uma cautela vacilante; assim fica assegurado o êxito final e ele continua avançando.

"Comportamento decidido.
Perseverança, com consciência do perigo."

A gente se vê forçado a adotar um comportamento resoluto, a pisar com decisão, mas tendo presente o perigo que implica o comportamento decidido. Só a consciência do perigo torna o êxito possível.

"Contempla teu comportamento e examina os sinais favoráveis.
Se tudo é perfeito, advirá uma elevada ventura."

A obra chegou ao seu fim. Se queremos saber se haverá conseqüências venturosas, devemos contemplar retrospectivamente o próprio comportamento e as conseqüências que teve. Se os efeitos foram bons, a ventura está assegurada. Ninguém conhece a si mesmo; somente pelas conseqüências de sua ação e pelos frutos de suas obras se poderá apreciar quanto é possível esperar.
(*I Ching*)

A porta de cada ser

A arte da vida só se pode compreender na realidade, não na evasão básica do essencial; no profundo olhar dentro de nós mesmos. Esta arte é artesanato de relação. Compreensão da ação de relação. Compreensão da ação de relação com a gente, com a propriedade, com as ilusões, com os desejos, com as idéias, com as esperanças, com as crenças.

O *I Ching* nos dizia que a arte de viver é o proceder com simplicidade. Krishnamurti opina que "se requer muita inteligência para ser simples", já que esta não é aparência externa, nem retiro, nem renúncia, nem adaptação a um padrão de vida, nem "pouca roupa", nem "moderados gastos monetários". A simplicidade não se encontra a menos que sejamos interiormente livres, sem nos apegarmos a crenças rígidas, dando-nos conta de nossos impedimentos, forjando uma consciência não-rotineira e criativa. A simplicidade provém do conhecimento, não é uma virtude nem uma disciplina. O *ser* simples surge da compreensão do que somos, enquanto que o *fazer-se* simples é o encobrimento do que somos mediante o cultivo de um ideal.

"Para escapar de uma prisão, antes é preciso confessar que se está numa prisão... As chaves da saída estão incrustadas dentro da couraça de teu próprio caráter." (W. Reich)

ECOS

A arte da vida é também a arte da flexibilidade que nos ensina a adaptar nossas velas ao vento, como única alternativa da não-violência. Meu querido Alan Watts diz que, quando tratamos de forçar uma fechadura, a chave se quebra, razão pela qual um homem realmente inteligente nunca força nada.

Creio que este livro chegou ao seu fim. Só se completará com as ressonâncias dos leitores, que contrapontearão minhas melodias. Às vezes nascerão assonâncias, outras vezes dissonâncias... Assim se tece a trama musical...

Em meu toca-fitas está tocando uma velha canção dos anos sessenta, *Mr. Tambourine Man*, de Bob Dylan.

(*Hey mister Tambourine Maan da da dan dum dam*). Sua letra diz mais ou menos assim:

"Hei, Homem do Tambor, canta-me uma canção.
Não tenho sonhos e não há nenhum lugar onde ir.
Hei, Homem do Tambor, canta-me uma canção.

Através dos sinetes da manhã eu te seguirei,
Embora eu saiba que o império da tarde retornou à arena
Desvanecido de minha mão
Deixando-me aqui enceguecido mas ainda sem sonhos.
Meu cansaço me surpreende, estou cravado em meus pés.
Não tenho a quem encontrar.
E as velhas ruas vazias estão mortas demais para sonhar.
Leva-me de viagem no torvelinho de teu mágico barco.
Meus sentidos foram desnudados, minhas mãos não podem perceber nada,
Meus dedos estão insensíveis demais para pisar.
Esperando só os passos de minhas botas para vagabundear,
Estou pronto para ir a qualquer parte,
Estou pronto para desaparecer em meu próprio desfile.
Enfeitiça meu caminho com tua dança.
. . . .
Sim, dançar sob o céu de diamantes com uma mão ondeando livremente,
Contornado pelo mar, rodeado pelas arenas do circo.
Com toda a memória e o destino submergidos profundamente sob as ondas,
Deixa-me esquecer de hoje até amanhã.
Hei, Homem do Tambor, canta-me uma canção.
Através dos sinetes da manhã eu te seguirei."

A melodia?
A música já a leva dentro de si.

Glossário

Caráter: Modo típico de agir e reagir psicossomaticamente de um indivíduo.

Centrar-se: Focalizar a atenção em si mesmo ou em algum processo em especial.

Cibernética: Ramo das matemáticas que se ocupa dos problemas do controle, da recursividade e da informação.

Contraponto: Combinação de dois temas ou frases de ações; em música, é a arte de agregar "melodia à melodia".

Couraça: Soma total das atitudes musculares e caracterológicas que desenvolve um indivíduo como defesa contra a irupção de afetos e sensações vegetativas.

Ego: Sentimento conceitual de si mesmo identificado com a condição separada do indivíduo.

Emoção: É o movimento pelo qual a matéria viva se expressa. Literalmente, significa "mover-se para fora".

Entropia: Grau de desordem, indiferenciação ou impredizibilidade num agregado de elementos; o oposto é a negentropia.

Flexibilidade: Ductilidade, adaptabilidade, capacidade para ser formado ou moldado; faculdade de assimilar os ensinamentos do mundo exterior; potencialidade para a mudança ainda não utilizada.

Gestalt: Expressão para indicar o caráter da percepção como uma unidade. Padrão conceitual no qual o todo é mais que a soma das partes.

Harmonia: Conveniente proporção e correspondência de um elemento com outro(s).

Holista: Pertencente ao todo; a medicina holística concebe o homem como um organismo, uma unidade, algo mais que a somatória de suas partes.

Holonomia: Qualidade de conhecimento do todo a partir de qualquer partícula do universo.

Homologia: Semelhança formal entre duas estruturas orgânicas, tal que as relações entre certas partes de *A* são similares às relações entre as correspondentes partes de *B*.

I Ching: Livro das Mutações ou Livro das Transformações: Obra que se encontra na própria base do pensamento e da cultura chinesa, e que remonta a alguma data situada entre os anos 3000 e 1200 a.C.

Informação: Qualquer diferença que importa.

Integrado: Que forma parte de um todo completo ou perfeito.

Integral: Que não carece de nada para ser completo.

Intuição: Sensibilidade perceptiva refinada que se previne do surgimento e da extinção de cada momento da mente.

Isomorfismo: Similaridade de estrutura ou forma entre dois fenômenos superficialmente diferentes.

Macrofísica: Física tradicional que estuda a matéria tal e como se apresenta à nossa ingênua percepção.

Mantras: Recitações de fórmulas salmodiadas baseadas na reiteração, que têm como principal finalidade a indução de um particular estado de consciência.

Meditação: Adestramento da percepção que trabalha com a vivência presente, cultivando a atenção e a percepção do fluir que momento a momento vai configurando nossa vida.

Mensagem: Sistema organizado de certas probabilidades.

Microfísica: Física nuclear que estuda o núcleo do átomo.

Misoneísmo: Medo profundo e supersticioso a novidades.

Mutação: Mudança hereditária que se produz nos ácidos nucléicos dos cromossomos. Mudança integral, transformação.

Noética: Ciência da consciência; do grego *nous*: nível superior da tríade espírito-psique-corpo.

Paradigma: Conjunto de teorias, modelo ou teoria ampla ou geral.

Percepção: Estado ou faculdade de conhecer.

Psicofísico: Pertencente à interação mente-corpo.

Quanta: Quantidade determinada de energia associada a ondas eletromagnéticas e que não depende da freqüência das radiações.

Ressonância: Fenômeno de vibração por simpatia entre dois corpos que possuem uma freqüência similar. *Simpatia*: "sentir com".

Ritmo: Princípio de equilíbrio energético que opera em todo o existente. Num sentido musical, é a relação que – quanto a valor – guardam entre si as notas que se executam sucessivamente.

Sistêmico(a): Visão da vida como estruturas em circuitos de contingência interconectados.

Som: É a sensação que um ouvido normal experimenta ao chegarem-lhe as vibrações de um corpo sonoro.

Tao: Conceito ético-metafísico central da filosofia taoísta. Pode ser traduzido como caminho, senda, sentido, providência, razão, ritmo adequado ou ir consciente. Tao representa o princípio de regulação da alternância das polaridades e sua eterna mutação.

Teleológico: Dirigido para, ou configurado por um propósito. Teleologia: doutrina das causas finais.

Tensão: Condição que se produz quando o ambiente externo ou uma enfermidade impõem demandas excessivas ou contraditórias à capacidade de ajuste do organismo.

Vibração: Movimento oscilatório rápido que se realiza em determinados corpos elásticos quando atua sobre eles uma força que os tira de sua posição de equilíbrio ou quietude.

Bibliografia

Aberastury, F. "Sistema de Apuntalamientos en Centros de Energia Psicofísicos para el Desarrollo del Movimiento con la Dinámica de la Musculatura Profunda". *Revista Argentina de Psicología 17/18*, Nueva Visión, Argentina, 1975.

Arnheim, R. *Art and Visual Perception*. Faber, Londres, 1956.

Bateson, G. *Espíritu y naturaleza*. Amorrortu, Buenos Aires, 1980.

Bateson, G. *Pasos hacia una ecología de la mente*. Carlos Lohlé, Buenos Aires/México, 1976.

Belvianes, M. *Sociologie de la musique*. Payot, Paris, 1951.

Bhattacharya, B. *Magnet Dowsing or the Magnet Study of Life*. Mukhopadhyay, Calcutá, 1967.

Blake, W. *Poesía completa*. 2 vols., Ediciones 29, Barcelona, 1980.

Blaukopf, M. *Musik soziologie*. Zollikofer, St. Gallen, 1950.

Blofeld, J. *Mantras. Sagradas palabras de poder*. Edaf, Madri, 1980. *Mantras, palavras sagradas de poder*. Editora Cultrix, São Paulo, 1985.

Brelet, G. *Esthétique et création musicale*. PUF, Paris, 1947.

Bosse, T. *Consciencia-energía*. Taurus, Madri, 1981.

Brown, G. S. *The Laws of Form*. Allen & Unwin, Londres, 1972.

Brown, N. O. *El cuerpo del amor*. Sudamericana, Buenos Aires, 1972.

Brown, N. O. *Life Against Death*. Middletown, Connecticut, Woleyan University, 1959.

Bücher, K. *Arbeit und Rhythms*. Teubner, Leipzig, 1901.

Capra, F. *The Tao of Physics*. Shambdhala, Boulder, 1975. *O Tao da Física*. Editora Cultrix, São Paulo, 5ª ed., 1987.

Capra, F. *The Turning Point*, Simon & Schuster, Nova York, 1968; *O Ponto de Mutação*. Editora Cultrix, São Paulo, 4ª ed., 1987.

Castãneda, C. *The Teachings of Don Juan*. Ballantine, Nova York, 1968.

_____ *El don del águila*. Edivisión, México, 1982.

Combarieu, J. *Historie de la musique*. Colin, Paris, 1946.

Cooper, D. *Psiquiatría y anti-psiquiatría*. Paidós, Buenos Aires, 1971.

Creel, H. G. *What is Taoism? and Other Studies in Chinese Cultural History*. University of Chicago Press, 1970.

Cuvelier, A. *La musique et l'homme*. PUF, Paris, 1949.

David, H. T. *The Cultural Function of Music*. Baltimore, 1951.

Davis, F. *La comunicación no verbal*. Alianza, Madri, 1976.

Diserens, Ch. M. *The Influence of Music on Behavior*. Princeton, 1926.

Eco, U. *Obra abierta*. Ariel, Barcelona, 1979.

Einstein, A. *Mi visión del mundo*. Tusquets, Barcelona, 1980.

Fauré, E. *Historia del arte*. 2 vols., Sudamericana, Buenos Aires, 1966.

Fregtman, C. D. *Cuerpo, música y terapia*. Búsqueda, Buenos Aires, 1982.

_____ . "Musiktherapeutische Erfahrungen in einer Tagesklinik", *Musik Medizin, Internationale Fachzeitschrift für Medizin, Musik und Musiktherapie*. Alemanha, 1977.

_____ . "Musiktherapeutische Erfahrungen in einer Tagesklinik (II)". *Musik Medizin*. Alemanha, 1978.

_____ . "Una Experiencia en Hospital de Día". *Boletim 9 da Associação de Musicoterapia do Rio de Janeiro*, 1979.

_____ . "Terapias No Verbales en la Comunidad de Día". *Actualidad Psicológica*, núm. 47, Buenos Aires, 1979.

_____ . "Cuerpo y Psicosis en la Comunidad de Día". *Actualidad Psicológica*, núm. 58, Buenos Aires, 1980.

_____ . "Múltiples Técnicas de Abordaje en el Tratamiento de la Psicosis". *Actualidad Psicológica*, núm. 78, Buenos Aires, 1982.

_____ . "Creando con Música". *Primeras Jornadas de la Creatividad de los Grupos*, J. C. Piaget/C. T. V. López, Buenos Aires, 1981.

202

——————. "Musicoterapia en Estructuras Bordeline". *Boletín de la Asociación Argentina de Musicoterapia*, Buenos Aires, 1982.

——————. "Vivimos en Una Sonósfera". *Uno Mismo*, núm. 3, Agedit, Buenos Aires, 1983.

——————. "La Música del Corazón". *Uno Mismo*, núm. 14, Agedit, Buenos Aires, 1984.

——————. "Música en Movimiento". *El Cuerpo en Movimiento (Uno Mismo)*, Agedit, Buenos Aires, 1984.

——————. "La Energía de la Conciencia". *Uno Mismo*, núm. 23, Agedit, Buenos Aires, 1985.

——————. "La Música 'Terapiza'". *Uno Mismo*, núm. 19, Agedit, Buenos Aires, 1985.

——————. "La Pulsación Vital". *Mutantia*, núm. 22, Buenos Aires, 1985.

——————. "Juglares de Paz". *Uno Mismo*, núm. 24, Agedit, Buenos Aires, 1985.

Freud, S. *Obras completas*. Amorrortu, Buenos Aires.

Fromm, E. *El Arte de Amar*. Paidós, Buenos Aires, 1977.

Fung Yu-Lan. *A History of Chinese Philosophy*. Allen & Unwin, London, 1953.

Gandhi, M. *Pensamientos escogidos*. Emecé, Buenos Aires, 1983.

Gimbel, T. *La salud por el color*. Edaf, Madri, 1981.

Grimal, P. *Mitologías de las estepas, de los bosques y de las islas*. Planeta, Barcelona, 1973.

Grimson, R. *La cura y la locura*. Búsqueda, Buenos Aires, 1983.

Hartog, H. *European Music in the Twentieth Century*. Routledge & Kegan, Londres, 1957.

Heisenberg, W. *Physics and Philosophy*. Allen & Unwin, Londres, 1963.

Herrigel, E. *A arte cavalheiresca do arqueiro zen*. Ed. Pensamento, São Paulo, 5ª ed., 1987.

Hesse, H. *Antología poética*. Fausto, Buenos Aires, 1974.

——————. *El caminante*. Fausto, Buenos Aires, 1974.

Howes, F. *Man, Mind and Music*. Secker & Warburg, Londres, 1948.

Huang, A. *La esencia del Tai Chi*. Cuatro Vientos, Chile, 1978.

——————. Quantum Soup: Fortune Cookies in Crisis. E. P. Dutton, Nova York, 1983.

Hughes, Ch. W. *The Human Side of Music*. Philosophical Library, Nova York, 1948.

Huxley, A. *The Perennial Philosophy*. Harper & Row, Nova York, 1970.

Jung, C. G. *El hombre y sus símbolos*. Biblioteca Universal Caralt, Barcelona, 1977.

_____. *El secreto de la flor de oro* (com R. Wilhelm). Paidós, Barcelona, 1981.

_____. *Psicología y religión*. Paidós, Barcelona, 1981.

Kirlian, S y V. "Investigation of Biological Objects in High-frequency Electrical Fields". *Bioenergetic Questions*, Alma, ATA, URSS, 1968.

Korzybski, A. *Science and Sanity*. Lakeville, Conn., 1958.

Krishnamurti, J. *La libertad primera y última*. Sudamericana, Buenos Aires, 1983.

Kwalwasser, J. *Exploring the Musical Mind*. Colemanross, Nova York, 1955.

Laing, R. D. *Experiencia y alienación en la vida conteporánea*. Paidós, Buenos Aires, 1971.

Lao-Tsé. *Tao Te Ching*. Morata, Madri, 1980.

Legge, J. *The Sacred Books of China: Texts of Taoism*. Dover, Nova York, 1962.

Lennon J. *Conversaciones con el rock (II) (Interview)*. Ayuso, Madri, 1970.

Leornard, G. *El pulso silencioso*. Edaf, Madri, 1979.

Lilly, J. C. *El centro del ciclón*. Martinez Roca, Barcelona, 1981.

_____ . "Programming and Metaprogramming in the Human Biocomputer". *Whole Earth Catalog*, Menlo Park, Califórnia.

Lowery, H. *The Background of Music*. Hutchinson, Londres, 1952.

McAllestes, D. P. *Enemy Way Music*. Peabody Museum, Cambridge, 1954.

Merleau-Ponty, M. *Phenomenologie de la perception*. Gallimard, Paris, 1945.

Merton, T. *O Zen e as aves de rapina*. Ed. Cultrix, São Paulo, 1987.

Michel, A. *Psychanalyse de la musique*. PUF, Paris, 1951.

Morgan, E. *Tao the Great Luminant*. Paragon Book Reprint, Nova York, 1962.

Mukerjee, R. *The Social Functions of Art*. Philosophical Lib., Nova York, 1954.

Naranjo C. y Ornstein, R. *On the Psychology of Meditation*. Viking Press, Nova York, 1971.

Nettl, B. *Music in Primitive Culture*. Harvard Univ. Press, Cambridge, 1956.

Perls, F. S. *Dentro y fuera del tarro de la basura*. Cuatro Vientos, Chile, 1978.

Pinheiro dos Santos, L. A. *A Ritmoanálise*. Soc. de Psicologia e Filosofia do Rio de Janeiro, 1931.

Pleasants, H. *The Agony of Modern Music*. Simon & Schuster, Nova York, 1955.

Racionero, L. *Textos de estética taoísta*. Alianza, Madri, 1983.

Ram Dass. *The Only Dance There Is*. Doubleday, Nova York, 1975.

Rilke, R. M. *Cartas a un joven poeta*. Siglo Veinte, Buenos Aires, 1980.

Sachs, C. *The Commonwealth of Art*. Dobson, Londres, 1955.

Sagan, C. *La conexión cósmica*. Plaza & Janes, Barcelona, 1978.

Salazar, A. *La música como proceso histórico de su invención*. Fondo de Cultura Económica, México/Buenos Aires, 1950.

Schuh, W. *Von Neuer Musik*. Morrow, Nova York, 1939.

Selden, S. *La escena en acción*. Eudeba, Buenos Aires, 1960.

Smith R. / Cheng Man Ch'ing. *Tai Chi*. Charles Tuttle Co., Rutland, Vermont, 1967.

Stapp, H. P. *"S-Matrix Interpretation of Quantum Theory"*. *Physical Review*, D3, 1971.

Stevens, B. *No empujes el río*. Cuatro Vientos, Chile, 1979.

Stravinsky, I. *Poética Musical*, Taurus, Madri, 1977.

Suzuki, D. T. *Ensayos sobre Budismo Zen*. 3 vols., Kier, Buenos Aires, 1973.

_____. *The Zen Doctrine of No-Mind*. Rider, Londres, 1949; *A Doutrina Zen da Não-Mente*. Editora Pensamento, São Paulo, 1985.

Tart, C. *State of Consciousness*. E. P. Dutton, Nova York, 1975.

Thomson, V. *The State of Music*. Morrow, Nova York, 1939.

Tylor, E. B. *Primitive Culture*. Brentano, Nova York, 1924.

Van Gulik, R. H. *Hsi Kang and his Poetical Essay on the Lute*. Sophia Univ., Tóquio, 1969.

_____. *The Lore of the Chinese Lute*. Sophia Univ., Tóquio, 1969.

Watson, B. *Complete Works of Chuang-Tzu*. Columbia Univ. Press, Nova York, 1968.

Watts, A. *El arte de ser Dios*. Júcar, Madri, 1980.

_____. *El Camino del Zen*. Sudamericana, Buenos Aires, 1975.

_____. *El Gran Mandala*. Kairós, Barcelona, 1971.

_____. Naturaleza hombre y mujer. Fundamentos, Madri, 1973.

_____. *Psicoterapia del este*. Kairós, Barcelona, 1973.

_____. "The Way of Liberation in Zen Buddhism". *American Academy of Asian Studies*. San Francisco, 1955.

Wheeler, J. A. *The Universe as Home for Man*. American Scientist, 62, 1974.

Weinstock, H. *Music as an Art*. Harcourt, Brace, Nova York, 1953.

Whitehead, A. N. *The Interpretation of Science*. Bobbs-Merrill, Nova York, 1961.

Wilber, K. *The Spectrum of Consciousness*. Main Currents, 31, 1974.

_____. *The Atman Project*. Wheaton, III, Quest, 1980.

Wilhelm, R. *I Ching*. Edhasa, Barcelona, 1979. *I Ching, o Livro das Mutações*. Editora Pensamento, São Paulo, 7ª ed., 1987.

_____. *La sabiduría del I Ching*. Guadarrama, Madri, 1977.

Wood, A. *The Physics of Musics*. Methuen, Londres, 1944.

Yogananda, P. *Autobiography of a Yogi*, Self Realization Fellowship. Los Angeles, Califórnia.

Discografia

Afghanistan Folk Music. vol. 2, Lyrichord, 7230, EUA.

African Rhythms & Inst. Lyrichord, 7339, EUA.

Afro-Brazilian Religious Music. Lyrichord, 7315, EUA.

Ahmed, Shamim – *India, Tres Ragas*. Madrigal, 1004, Argentina.

Amazônia – *Cult Music of Northern Brazil*. Lyrichord, 7300, EUA.

Ancient Chinese Melodies. Lyrichord, 7352, EUA.

Art of Cante Flamenco. Lyrichord, 777, EUA.

Austrália – Songs of the Aborigines. Lyrichord, 7331, EUA.

Azimuth The Touchstone. J. Taylor e N. Winstone, ECM, 1-1130, EUA.

Bach – Cantatas 10 & 47. Lyrichord, 7175, EUA.

Conciertos para Piano. Glen Gould e Leonard Bernstein, CBS, 580331, Argentina.

Blythe, Arthur – *Illusions*. Columbia, 7464-36583, EUA.

Burton, G. e Corea, C. – *Crystal Silence*. ECM, 1024-ST, EUA.

Catalyst Perception. Green, Pope e Brown, MUSE, 5025, EUA.

Chinese Buddhist Music. Lyrichord, 7222, EUA.

Chinese Taoist Music. Lyrichord, 7223, EUA.

Chinese Masterpieces for the Cheng. Lyrichord, 7142, EUA.

Coltrane, A. e Santana, C. – *Illuminations*. Columbia, 32900, EUA.

Coltrane, J. – *Meditations*. MCA, A9110, EUA.

Corea, Chick. – *Delphi 1*. Polydor, 1-6208, EUA.

_____. *Delphi 2 & 3*. Polydor, 2-6334, EUA.

Debussy – *La Mer* e *Prelude à L'Après-Midi d'un Faune*. H. von Karajan, Grammophon, 1923075, Alemanha.

_____. *Preludes*. Claudio Arrau, Philips, 9500-676, Inglaterra.

Ethiopia, vol. 2 – *Desert Nomads*. Tangent Kingdon, 102, Inglaterra.

Exotic Music of Ancient China. Lui Tsun Yuen, Lyrichord, 7122, EUA.

Flute and Gamelan of West Java. Tangent Kingdom, 137, Inglaterra.

Folk Music of Tibet & Bhutan. Tibetan Budhist Rites, Lyrichord, 7258, EUA.

Folk Songs of Viet Nam. Folkways Rec., FTS – 31303, EUA.

Fregtman, Carlos D. – *Estados de Consciência*. Tekbox, 2001, Brasil.

_____. *Meditações*. Tekbox, 2002, Brasil.

_____. *Gestalt*. Tekbox, 2003, Brasil.

_____. *Ressonâncias do Coração*. Tekbox, 2004, Brasil.

_____. *Zen*. Tekbox, 2005, Brasil.

_____. *Mantras*. Tekbox, 2006, Brasil.

_____. *Climas*. SNE, 1002, Argentina.

_____. *La Memoria del Agua*. SNE, 1003, Argentina.

_____. *Cantos de Inocencia*. SNE, 1006, Argentina.

_____. *El Pulso Vital*. SNE, 1010, Argentina.

_____. *Música Para los Niños del Futuro*. SNE, 1011, Argentina.

_____. *Segundos Estados de Consciencia*. SNE, 1012, Argentina.

_____. *Respiración*. SNE, 1013, Argentina.

_____. *Tao*. SNE, 1014, Argentina.

Gamelan Music of Bali. Lyrichord, 7179, EUA.

Garbarek, Jan – *Esoteric Circle*. Arista, 1031, EUA.

Ghana – *Music of the Northern Tribes*. Lyrichord, 7321, EUA.

Gismonti, Egberto – *Dança das Cabeças*. ECM, 1-1089, EUA.

_____. *Fantasía*, EMI, 6476, Argentina.

_____. *Nó Caipira*. EMI, 064-422861, Brasil.

_____. *Solo*. ECM, 1-1136, EUA.

Glass, Philip – *Koyaanisqatsi*. Antilles, Asta 1, EUA.

Holland, Dave – *Emerald Tears*. ECM, 1-1109, EUA.

Indian Religious Music-Monks, Transvestites... Lyrichord, 7324, EUA.

Islam, vol. 1 – *The Human Voice*. Tangent Kingdom, 131, Inglaterra.

Ives, Charles – *Sonata para Piano*. Cobb, Spectrum, 155, EUA.

Jackson, Willis – *West Africa*. Muse, 5036, EUA.

Japanese Kabuki Music. Lyrichord, 7134, EUA.

Japanese Shakuhachi Music. Lyrichord, 7176, EUA.

Jarrett, Keith – *Hymms Spheres*. ECM, 2-1086, EUA.

_____. *Sacred Hymms* (Gurdjieff Music). ECM, 1-1174, EUA.

_____. *Staircase/Hourglass...* ECM, 2-1090, EUA.

_____. *Solo Concerts/Bremen & Lausanne*. ECM, 3-1035, EUA.

Korean Social & Folk Music. Lyrichord, 7211, EUA.

Koto Respibhi. Shó Fukumori, EMI, 37830, EUA.

Los Trovadores del Rey Balduino – *Misa Luba del Congo*. Philips 8711, Argentina.

Martin, Mel – *Listen*. Inner City, IC-1025, EUA.

Messiaen, L. – *Ascension* (Krigbaun). Lyrichord, 7297, EUA.

Mongolia (1) – *Vocal Music*. Tangent Kingdom, TGS-126, Inglaterra.

Moroccan Sufi Music. vol. 2, Lyrichord, 7358, EUA.

Music of South India (Kerala). Lyrichord, 7358, EUA.

Music of Viet Nam. Tran Quang Hai, Lyrichord, 7337, EUA.

Mussorgsky – *Pictures at an Exhibition*. Carlos M. Giulini, Grammophon, 3300783, Alemanha.

Mustapha Tettey Addy – *Master Drumer from Ghana*. Tangent Kingdom, 113, Inglaterra.

North India – *Music from the Shrines of Ajmer and Mundra*. Tangent Kingdom, 105, Inglaterra.

Oregón – *Música de Otra Era Presente*. MH Vanguard, 14726, Argentina.

Pascoal, Hermeto – *Slaves Mass*. WEA, 36021, Brasil.

Penderecki – *Concerto para Violino e Orquestra*. I. Stern, Columbia, 35150, EUA.

Pink Floyd – *Ummaguma*. Capitol/EMI, STBB-388, EUA.

Ra Sun – *The Solar Myth Approach*. Affinity, 10, EUA.

Ravel – *Bolero, La Valse, Daphnis et Chloë*. L. Bernstein, CBS, 80043, Argentina.

Reger, Max... Das Orgelwerk (4). Basf, 228878, Alemanha.

Reich, Steve – *Octet/Music for a Large Ensemble/Violin Phase*. ECM, 1169, EUA.

Rosenthal, Laurence – *Meetings with Remarkable Men*. Varese Sarabande, 81129, EUA.

Rypdal, Terje – *After the Rain*. ECM, 1-1083, EUA.

Satie, Erik – *Relage. Candid, 31338, EUA*.

Schubert, Franz Peter – *Complete Symphonies and Incidental Music*. Arabesque Recordings, 8045/3, EUA.

Shakti, with John McLaughlin. CBS, PC-341626, EUA.

Shankar, Ravi in Japan – East Greets East. Grammophon, 2531-381, Alemanha.

Shantung: Music of Confucius Homeland. Lyrichord, 7112, EUA.

Shusha: Persian Love Songs and Mystic Chantes. Tangent Kingdom, 108, Inglaterra.

Smith, Leo – *Divine Love*. ECM, 1-1143, EUA.

Spirit of Samurai, Japanese Chant. Lyrichord, 7346, EUA.

Stockhausen – *Sternklang*. Grammophon, 2707-123, Alemanha.

Summers, Andy/Fripp, Robert – *I Advance Masked*. AM, 20341, EUA.

Tangerine Dream – *Llamas de Venganza*. WEA, 83830, Argentina.

Temple Rituals & Public Ceremonies. vol. 3, Lyrichord, 7257, EUA.

Thailand, Lao Music of the Northeast. Lyrichord, 7357, EUA.

The Kora & The Xilophone – Sounds of West Africa. Lyrichord, 7308, EUA.

The Music of Cosmos. RCA, TLP-50061, Argentina.

Tibetan Padmasambaya Chopa. Lyrichord, 7270, EUA.

Towner, Ralph – *Diary*. ECM, 1-1032-ST, EUA.

Vangelis – *Albedo O, 39*. RCA, AUS-4644, Argentina.

_____. *L'Apocalypse des Animaux*. Polydor, 6036, Argentina.

Walcot/Cherry/Vasconcelos/*Codona*. ECM, 1-1132, EUA.

Zen, Goeika & Shomyo Chants. Lyrichord, 7116, EUA.

Editora Pensamento
Rua Dr. Mário Vicente, 374
04270 São Paulo, SP

Gráfica Pensamento
Rua Domingos Paiva, 60
03043 São Paulo, SP